Somos associados da **Fundação Abrinq** pelos direitos da criança.
Nossos fornecedores uniram-se a nós e não utilizam mão de obra infantil ou trabalho irregular de adolescentes.

O preço de uma traição
Copyright by © Petit Editora e Distribuidora Ltda., 2014
2-5-14-3.000-6.000

Direção editorial: **Flávio Machado**
Assistente editorial: **Larissa Wostog Ono**
Produtor gráfico: **Vitor Alcalde L. Machado**
Capa: **Danielle Joanes**
Imagem da capa: **Subbotina Anna | Shutterstock**
Projeto gráfico e editoração: **Ricardo Brito | Estúdio Design do Livro**
Preparação: **Maria Aiko Nishijima**
Revisão: **Maiara Gouveia**
Impressão: **Mark Press Brasil Indústria Gráfica Ltda.**

**Ficha catalográfica elaborada por
Lucilene Bernardes Longo – CRB-8/2082**

Pereira, Kátia Eli.
　O preço de uma traição / Kátia Eli Pereira e João Fernandes da Silva Júnior. – São Paulo : Petit Editora, 2014.
　232 p.

ISBN 978-85-7253-257-0

　1. Espiritismo　2. Romance espírita　3. Reforma íntima　I. Silva Júnior, João Fernandes.　II. Título.

CDD: 133.93

Direitos autorais reservados.
É proibida a reprodução total ou parcial, de qualquer forma
ou por qualquer meio, salvo com autorização da Editora.
(Lei nº 9.610, de 19 de fevereiro de 1998)
Traduções somente com autorização por escrito da Editora.
Impresso no Brasil, no outono de 2014.

Prezado(a) leitor(a),
Caso encontre neste livro alguma parte que acredita que vai interessar ou mesmo ajudar outras pessoas e decida distribuí-la por meio da internet ou outro meio, nunca deixe de mencionar a fonte, pois assim estará preservando os direitos do autor e, consequentemente, contribuindo para uma ótima divulgação do livro.

Katia Eli Pereira

João Fernandes
da Silva Júnior

O preço de uma traição

Rua Atuaí, 389 – Vila Esperança/Penha
CEP 03646-000 – São Paulo – SP
Fone: (0xx11) 2684-6000
www.petit.com.br | petit@petit.com.br

Sumário

Capítulo 1
 AFLIÇÕES, 7

Capítulo 2
 LEMBRANÇAS..., 23

Capítulo 3
 PASSADO RECENTE, 61

Capítulo 4
 O SEQUESTRO DE ANITA, 93

Capítulo 5
 NO OUTRO PLANO, 113

Capítulo 6
 SERVIDORES DO BEM, 125

Capítulo 7
 A VINGANÇA, 137

Capítulo 8
> A vez dos Pamplonas, 145

Capítulo 9
> Festas de fim de ano, 159

Capítulo 10
> O atropelamento, 183

Capítulo 11
> A revelação, 205

Capítulo 12
> Recomeçando, 221

Capítulo 1

Aflições

Manhã de terça-feira, garoa fina na capital paulista e, como em todas as manhãs, trânsito caótico. Buzinas, apitos e um vaivém frenético de pessoas iniciando mais um dia de trabalho. O doutor Richard, a caminho de seu escritório, junta-se à multidão apressada. Preso em mais um engarrafamento, procurou acalmar a irritação matinal colocando uma música clássica para relaxar, enquanto o caos se instalava nas vias que percorria todos os dias.

Ele se esforçava para fixar a atenção no trajeto e em seus compromissos, na tentativa de ocupar a mente, bastante atormentada pelos acontecimentos. Na verdade, o que mais queria era esquecê-los definitivamente. E, para livrar-se do constante pesadelo, o renomado advogado, nos últimos tempos, entregava-se incansável ao trabalho, travando consigo mesmo uma luta íntima e incessante, na esperança de enterrar bem profundamente toda a culpa que o levara ao arrependimento.

Com quarenta e três anos de idade e divorciado, experimentava uma fase de profunda solidão interior, e, somente nos raros momentos ao lado de suas filhas, Fernanda e Ana, sentia uma trégua passageira.

Pelo menos a sua vida profissional corria bem. Ele representava os interesses de uma multinacional no Brasil, que lhe proporcionava uma vida estável e sem sobressaltos financeiros. Não obstante, era incapaz de extirpar o grande vazio que lhe visitava a alma diariamente. Algo lhe faltava, sentia-se como se a existência não fizesse sentido.

Acompanhado pelas muitas lembranças a rondar insistentemente a mente feito fantasmas ameaçadores, estacionou o moderno veículo na garagem de um suntuoso edifício comercial situado na Avenida Paulista e, como já era de praxe, acenou para o porteiro e entrou apressado no elevador que o levaria ao décimo segundo andar, onde estava instalado o seu escritório.

Na antessala, sentada à sua mesa como em todas as manhãs, estava Maria Rita, a secretária que o assessorava havia mais de seis anos. Sorridente e prestativa, o saudou:

— Bom dia, doutor Richard! Como estava o trânsito hoje?

Ele respondeu sem olhá-la.

— Bom dia, o mesmo caos de sempre. Como está minha agenda para a tarde? Quero resolver tudo antes do almoço, porque tenho compromisso fora daqui.

— Estamos com um dia tranquilo, os documentos já foram assinados e não há reunião marcada para depois do almoço — respondeu, enquanto preparava um café para o patrão.

Maria Rita já deixava a sala, quando Richard a abordou:

— Por favor, preciso comprar alguns presentes de Natal para minhas filhas. O que a senhora me sugere? Não tenho muito jeito para isso, mas desejo dar presentes que agradem; uma é adolescente, e a outra, ainda criança.

Prestativa, a secretária tentou ajudá-lo dando sugestões.

— Bem, doutor, para Fernanda, que já é quase uma mocinha, sugiro que dê perfumes, roupas, sapatos ou acessórios. Talvez um bom livro. Para Aninha... acredito que uma boneca, uma bicicleta ou pincéis, tintas e livros para colorir a deixariam radiante.

— Ótimas sugestões. Vou me lembrar de todas, com certeza!

— Espero tê-lo ajudado, mas, se preferir, eu mesma posso comprá-los, evitando que o senhor perca seu tempo e se aborreça.

— Obrigado, mas quero ir pessoalmente.

— Sim, senhor. Precisando de mim, é só chamar — disse Maria Rita deixando-o só.

Recostado em sua poltrona de escritório, o advogado permaneceu ali até a hora do almoço. Atendeu alguns telefonemas, deu algumas instruções para a secretária e, ao sair, despediu-se.

— Retornarei após as quinze horas. Qualquer problema, comunique-me imediatamente, por favor!

— Fique sossegado, doutor, e bom apetite!

"Bom apetite?", pensou, "Há quanto tempo não sinto o prazer de saborear um bom prato. Nem mesmo alegria e ânimo. Faz muito tempo mesmo!"

Sem perda de tempo, resolveu almoçar em um dos restaurantes localizados no andar térreo do edifício. No restaurante sentou-se só, bem distante dos demais. Enquanto, aguardava ser atendido, ficou observando as pessoas e viu que estavam alegres e falantes. Fez uma refeição rápida e leve, apenas uma salada com molho tártaro e o seu favorito suco de abacaxi com hortelã.

Alheio a tudo enquanto saboreava a refeição, de repente, sentiu um arrepio percorrer seu corpo e, ao mesmo tempo, forte impressão de estar sendo observado. Procurou por quem o olhava e nada encontrou. A cena era a mesma, todos conversavam animadamente sem notar sua presença. "O que está acontecendo comigo? Será que estou ficando doido?", pensou, seriamente preocupado, entre dúvidas e apreensões.

De fato, algo fora do normal estava acontecendo, mas preferiu não dar muita importância, imaginou tratar-se apenas de um estresse, resultado de muito trabalho nos últimos meses. Alimentou-se e seguiu rapidamente a caminho de um shopping center, cumprindo, assim, a promessa que fizera a si mesmo: comprar pessoalmente os presentes das filhas, como se aquela atitude anulasse um pouco a falta que ele fazia na rotina delas.

Seguiu o rumo por ele determinado, pegando mais uma vez naquele mesmo dia um trânsito difícil. Depois de gastar um tempo maior do que esperava no percurso, entrou no shopping center e misturou-se à multidão que se agitava com o mesmo objetivo: as compras de fim de ano. Faltava ainda mais de um mês para as festas natalinas, mas as pessoas já pareciam enlouquecidas. Irritado pelo desgaste no trânsito e sem paciência para disputar a atenção dos vendedores, resolveu esfriar a cabeça durante uma pequena caminhada antes de entrar em uma loja, com a intenção de estabelecer um roteiro para aquela movimentada tarde.

Enchendo-se de coragem e ânimo partiu rumo a uma loja de departamentos, pois nela certamente encontraria tudo o que procurava.

Quando escolhia alguns dos presentes, outra vez sentiu que alguém o vigiava. Como sempre, olhou à sua volta procurando quem o controlava tanto a ponto de fazê-lo acreditar que conseguiam até ler seus pensamentos mais secretos. Por isso, ficava tão confuso e balançado. Não havia ninguém, pois, na realidade, tratava-se de uma presença espiritual que, inconscientemente, ele captava. Sem encontrar o causador daquele fenômeno, pediu à vendedora que o atendia para escolher o restante dos presentes que ele assinalara em uma lista.

— Por favor, senhorita, eu gostaria que escolhesse para mim os outros itens, pois estou confuso e sem vontade de continuar.

— Terei o maior prazer em atendê-lo! Mas o senhor não está se sentido bem? Posso ajudá-lo? — falou a vendedora apontando-lhe o sofá e oferecendo um copo d'água.

— Aceito. Mas estou bem, não se preocupe.

— Então fique à vontade. E pode ficar sossegado, escolherei todos os presentes com o maior carinho...

— Obrigado! — disse encerrando a conversa.

Após as compras, saiu apressado do local. Voltaria para o escritório, numa tentativa inconsciente de fuga.

No automóvel, percebeu que esquecera o telefone celular e que três chamadas não atendidas da secretária aguardavam resposta. Assim, ligou apressadamente.

— Desculpe-me, dona Maria Rita, o celular não estava comigo e só agora vi as chamadas. O que houve?

— Tudo bem, doutor Richard! Liguei para lhe comunicar que o doutor Bartolomeu Mendes o aguarda em sua sala para acertar as últimas cláusulas do contrato com a empresa que fará a nossa propaganda. A reunião foi marcada para as dez horas de amanhã, e ele pretende deixar tudo acertado ainda hoje.

— Avise-o de que já estou a caminho, embora o trânsito esteja bastante complicado. Até mais! — disse desligando sem esperar resposta.

Ao chegar, uma hora mais tarde, perguntou à secretária:

— O doutor Bartolomeu ainda me aguarda?

— Aguarda, sim. Avisei-o sobre o trânsito — respondeu a funcionária.

Ele entrou em sua sala e, de portas fechadas, passou horas com o colega de trabalho.

Bartolomeu trabalhava no setor financeiro da mesma multinacional, porém em outro endereço. Conhecia Richard havia muitos anos e mantinha com ele uma relação de amizade e respeito.

Depois de acertarem tudo o que estava pendente para a preparação do novo contrato, Richard permaneceu pensativo o restante da tarde. A mente fervilhava em lembranças, sonhos não realizados, decepções e tantos outros sentimentos contraditórios e pouco animadores. Seu mundo interior parecia desabar, e não encontrava meios de interromper definitivamente aquele processo. As horas se arrastaram até chegar o fim do expediente daquele longo e cansativo dia que o mantivera preso a um passado que tanto queria esquecer.

Despediu-se e foi embora. Mas decidiu rodar pela cidade antes de ir para casa.

— Hoje não terei pressa. Vou andar um pouco sem rumo — disse a si mesmo quando entrou no carro e partiu.

Rodou por muito tempo. Olhava as luminárias que iluminavam as avenidas, as pessoas retornando ao lar depois do cansativo dia, embora com a fisionomia serena, enquanto ele lutava com os seus fantasmas. Por um instante sentiu inveja delas. Pareciam estafadas, mas apresentavam semblantes de plena felicidade — sentimento esse que ele não experimentava fazia bastante tempo. Ultimamente vivia para o trabalho, carregando um sentimento de culpa que o fazia acreditar que nunca mais encontraria a paz. Um nó apertou-lhe a garganta e, mais uma vez, permitiu que algumas lágrimas rolassem pela face, enquanto conduzia o veículo rumo ao edifício de apartamentos onde residia.

Enfim, estacionou na garagem, quando se sentiu mais aliviado. Residia no sexto andar de um luxuoso edifício, em amplo e confortável apartamento. Ao entrar, largou sobre o sofá as sacolas contendo os presentes das filhas. Em seguida, foi para o banheiro: gostava de relaxar durante um banho quente.

Sentia-se muito cansado e sem apetite, por isso, lançou-se sobre a cama e entregou-se a um sono profundo. O silêncio era total no apartamento. De repente, intensa ventania varreu o ambiente durante poucos segundos, levantou as cortinas e revirou quase todo o quarto. Ele acordou assustado e pulou da cama para fechar a janela, mas, para sua surpresa, ela estava fechada. Sem entender, sentou-se na cama com o rosto entre as mãos. Os pensamentos surgiam desordenados, o coração estava sobressaltado, e diversas perguntas sem resposta faziam sua cabeça girar.

Richard, como muitas pessoas, era médium inconsciente de efeitos físicos e de vidência. Sem que soubesse, doava espontaneamente ectoplasma, uma substância gasosa espiritual a qual os espíritos utilizam para mover objetos, abrir e fechar portas, gavetas e para muitos outros fenômenos. Naquele momento era o que estava ocorrendo. Um espírito com más intenções aproveitava-se da mediunidade dele para provocar aqueles surpreendentes acontecimentos.*

— Devo estar ficando maluco! Não tem outra explicação para esses acontecimentos... Preciso procurar um médico o mais rápido possível!

Ainda sob o efeito dos mecanismos da mediunidade, Richard ouviu um barulho de passos vindo da sala, que o arrebatou daquele angustiante estado. Imaginando se tratar da arrumadeira, perguntou:

— Dona Lúcia, é a senhora que está aí? — silenciou por instantes; mas sem resposta, insistiu: — Responda-me, por favor!

Mais uma vez o silêncio completo. Outra vez aqueles passos. Levantou-se com cuidado para conferir quem estaria andando em sua casa sem nada falar. Decidido a desvendar o mistério, caminhou sem fazer barulho e, quando alcançou o local, arrepiou-se ao ver um vulto de mulher andando próximo do sofá. Não era a arrumadeira, como imaginava. Sem titubear, atirou-se sobre ela na esperança de descobrir de quem se tratava, mas apenas agarrou o vazio. Nervoso, vasculhou os cômodos à procura de quem desfilava na sala sem se identificar. Ao final, quando decidiu parar a busca, percebeu que o apartamento estava completamente desorganizado. Roupas, papéis e móveis revirados. Vencido pelo desânimo, voltou para o quarto e se acomodou como pôde.

---

* Caso queira se aprofundar nesse tema tão fascinante, leia *O Livro dos Médiuns*, capítulos 2, 3 e 4. (Nota do Editor)

Em meio à bagunça, encontrou o telefone e teve vontade de falar com alguém. Quando percebeu, estava ligando para a filha, Fernanda.

Cético, não acreditava em aparições, e, confuso, denominava aquilo como sendo uma alucinação causada pelo cansaço. Jamais poderia supor que se tratava da capacidade de vidência, ainda muito tímida se comparada ao poder que possuía em provocar — sem saber — fenômenos como os que ele acabara de presenciar.

Do outro lado, uma voz doce o atendeu.

— Oi, papai! Que bom que me ligou, estava com muitas saudades!

— Oi, minha princesa, também estou com saudades de você e de sua irmã! Como estão passando?

— Eu e Aninha estamos bem. Mas a mamãe... tivemos notícias de que ela continua do mesmo jeito, tem momentos em que está feliz e de repente fica triste. E você, papai, como está?

— Bem, minha filha! Preciso que me prometa que terá paciência com sua mãe — disse ele, já mais calmo.
— Olhe, tenho uma surpresa: comprei hoje os presentes de Natal!

— É verdade? Diga-me o que comprou, por favor!

— Eu já disse, é uma surpresa. Espere até o dia de Natal — respondeu. — Mas você não me prometeu o que lhe pedi.

— Ah, sim! Mas nem preciso prometer, com certeza terei paciência com minha mãe! Pode contar comigo.

— Eu sabia que podia confiar na minha princesa linda! Papai só queria ouvir sua voz para matar um pouco da falta que sinto. Agora já é tarde e você precisa ir dormir, porque amanhã terá aula, meu amor!

— Sei disso! — Fernanda estava desapontada com o fim da conversa.

— Dê um beijo em Aninha por mim!

— Darei sim. E milhares de beijos nossos para você! Boa noite, papai!

— Boa noite e durma com os anjos, minha filha!

— Você também! — finalizou a menina.

Mais aliviado por ter tirado o foco do susto tomado com a visão, Richard animou-se por saber notícias das filhas. Ajeitou-se no leito e adormeceu outra vez, mantendo a mente voltada para as lembranças da época em que fora feliz com a família.

Seguiram-se os dias. Cada vez mais abatido pelas noites maldormidas, tomou algumas providências com o intuito de resolver aquelas questões que tanto o perturbavam. Trocou as chaves das portas, temendo que dona Lúcia, por descuido, as tivesse esquecido em qualquer lugar e alguém mal-intencionado as tivesse copiado. Chegou a interrogar o porteiro do prédio a respeito de alguma movimentação suspeita nos últimos dias. Por fim, dispensou temporariamente os serviços da arrumadeira, com a intenção de impedir o acesso ao seu apartamento. Queria de volta a segurança de antes.

Richard percebeu que em seu escritório aqueles fenômenos não ocorriam, levando-o a decidir que por alguns dias passaria as noites ali mesmo, no sofá do escritório, onde poderia descansar e reequilibrar a mente tão afetada ultimamente.

"Uma boa noite de sono é tudo de que preciso para recuperar minhas energias" — era o único desejo daquele homem atormentado.

Fazia quase uma semana que o advogado não voltava para o apartamento. Para lá ia sempre rápido, apenas para tomar banho e trocar as roupas quando findava o expediente. No sofá do escritório dormia bem, por isso, descobriu-se mais fortalecido e descansado. Em uma manhã, perdeu o horário e acordou com a secretária ao seu lado. Ela não imaginava o motivo que o fizera dormir ali, sem saber que o episódio ocorria havia dias. Preocupada, quis saber:

— Doutor, aconteceu alguma coisa? Sente-se bem?

Confuso e sonolento ele sentou-se rapidamente, na tentativa de esconder o que o levara a passar as noites ali. Demonstrando a maior naturalidade, mentiu para disfarçar a situação.

— Bom dia, dona Maria Rita! Fiquei trabalhando até tarde ontem, e em certa hora decidi deitar para descansar um pouco e acabei adormecendo. Mas está tudo bem comigo!

— Se o senhor diz — concordou sem tirar a atenção de cada gesto daquele homem. Não acreditou no que ouvia, porque era visível que algo não ia bem com o advogado.

— Vou até o apartamento tomar uma ducha e daqui a trinta minutos mais ou menos estarei pronto para o trabalho. Por favor, verifique minha agenda.

Maria Rita acenou positivamente e, deixando-o à vontade, retirou-se com uma forte intuição de que precisava ajudá-lo de alguma forma. A ideia a invadiu de forma súbita.

— Contudo, como fazer? — falou baixinho para si mesma.

Recordou os ensinamentos adquiridos na casa espírita que frequentava fazia mais de um ano. Lá aprendera que uma das maneiras de ajudar alguém era orar em seu favor. Sentou-se à mesa e abriu aleatoriamente uma página de *O Evangelho segundo o Espiritismo*, guardado na gaveta. No capítulo vinte e cinco, "Buscai e achareis", encontrou as palavras apropriadas para a situação. Leu um pequeno trecho do capítulo e, em seguida, pronunciou uma prece, nela depositando toda a confiança no poder divino.

A súplica figurou-se como um ato de caridade e fez Richard se sentir mais calmo e equilibrado. Os dias seguintes transcorreram serenos, sem que nada o perturbasse.

Entretanto, a secretária foi além, e, na primeira reunião, depois de assistir a uma palestra, colocou o nome do patrão e seu endereço na urna de vibrações, junto da entrada da casa. Seu pedido surtiu efeito, atraiu amigos espirituais, os quais passaram a acompanhá-lo de perto.

Desconhecendo as providências em seu benefício, Richard começou a sentir-se mais forte e confiante, até que resolveu retornar ao apartamento, em definitivo.

Capítulo 2

Lembranças...

Richard, aparentando segurança, retornou com uma forte impressão de que a sua vida voltaria ao normal. O estresse causado pelas noites em claro se dissipara. Entrou no prédio, apanhou a correspondência com o porteiro, sempre sorridente, que o cumprimentou:

— Que bom revê-lo, doutor! Como tem passado?

— Estou muito bem, obrigado! Alguém procurou por mim?

— Ninguém, doutor, com exceção de dona Lúcia, bastante ansiosa. Como já sabe, ela precisa muito do trabalho — disse-lhe o porteiro em tom de humildade.

— Sim, eu sei! Faça-me um favor, José, avise-a que pode retornar ao trabalho.

Ele retirou do bolso um molho de chaves, entregando-as em seguida:

— Estas são as novas chaves de meu apartamento. Peça a ela que tire uma cópia. Acerto o valor com ela depois! Por gentileza, não as entregue a mais ninguém!

— Pode deixar, doutor, eu farei isso!

Richard acenou antes de se retirar, deixando José boquiaberto com tanta gentileza. Sem mais esperar, pegou o telefone e comunicou a novidade a Lúcia.

No apartamento, Richard foi direto para a cozinha preparar um sanduíche. Enquanto saboreava o lanche, falou em voz alta:

— Como é bom estar de volta em casa. Nunca senti tanta saudade daqui!

Experimentava uma deliciosa euforia, um bem-estar quase esquecido. Sentiu vontade de admirar a noite; foi para a sacada. Sentou-se na espreguiçadeira e deparou com o céu estrelado. Era uma noite repleta de paz e beleza. Richard nunca se detivera a esses momentos nostálgicos e surpreendeu-se ao perceber que pequenas coisas lhe traziam felicidade.

Uma leve brisa lhe acariciava o rosto, semelhante ao carinho que a mãe fazia quando ele ainda era criança. A lembrança dela, já desencarnada, remeteu-o a uma época feliz. Com o coração cheio de saudades, refletiu:

— Que falta você me faz, mamãe! Queria tê-la aqui comigo agora e sentir sua presença mais uma vez.

Ao seu lado, em espírito, dona Alice, sua mãe desencarnada, emocionou-se ao notar que o filho captava sua vibração de amor. Orou agradecida a Deus por tê-lo inspirado positivamente. Antes de partir, proferiu uma prece na companhia dos irmãos espirituais que a acompanhavam.

Diversas lembranças passeavam pela mente de Richard: a infância alegre e descontraída, a dedicação de seus pais, que o educaram e o protegeram transformando-o no homem forte e decidido que sempre fora.

O pai, advogado aposentado, vivia em um sítio em Goiânia. A mãe fora professora e havia desencarnado vítima de um enfarto fulminante logo após o nascimento de Fernanda, a primeira neta. Sua desencarnação deixara um grande vazio no coração daqueles que a amavam, gratos por sua bondade. Alice tinha sido uma pessoa prestativa e caridosa, sempre com um sorriso e uma palavra amiga para todos os que lhe pedissem ajuda, sem medir esforços para atendê-los.

Um dos fatos mais marcantes presenciados pelo único filho foi quando ainda era menino. Acontecera certa vez ao acompanhar a mãe na entrega de donativos às pessoas carentes de um bairro muito pobre de São Paulo. Durante a tarefa, apareceu uma mulher desesperada com uma criança nos braços. Ela falava quase em total desespero:

— Me disseram que eu procurasse socorro aqui, porque a senhora é uma pessoa muito boa. Por isso, vim lhe implorar por sua caridade. Meu filhinho arde de febre há dois dias e não tenho dinheiro para comprar remédios nem alimentá-lo — dizia com lágrimas nos olhos. — Me ajude, por Deus, me ajude!...

Sem parar um segundo para pensar, dona Alice orientou os colaboradores que continuassem as entregas enquanto socorria a criança adoentada. Na companhia de Richard, conduziu mãe e filho à clínica médica. Chegando lá, a criança foi rapidamente atendida e medicada, e, antes de retornarem, Alice retirou da carteira o dinheiro que trazia consigo e o entregou à pobre senhora.

— Minha querida, use este dinheiro para pagar o tratamento do pequenino e para comprar alimentos.

— Que Deus a abençoe! Aceito de coração, pois meu marido está desempregado e não sei mais o que fazer. Este dinheiro vai me ajudar muito! — agradeceu emocionada, com a criança nos braços.

— Não me agradeça. É apenas uma pequena ajuda, e faço com a maior alegria, pode acreditar!

Ele nunca mais se esqueceu daquela lição que aprendera. E, cada vez que ouvia o conceito de caridade, era daquele dia que se lembrava. Sempre fora um espectador de várias provas de humanidade e irmandade daquela doce mulher que lhe dera a vida. Dela, recebera os melhores valores e exemplos. Ainda assim, se tornara um homem descrente.

Ainda mergulhado nas recordações enquanto admirava aquele cenário de esplendor, um convite a reflexão...

"Tantas coisas que eu vi e vivi... Agora estou aqui só a recordá-las com tantas saudades...", pensou. "É bom ter cenas como estas gravadas no coração."

Os anos passados na faculdade lhe vieram à mente. Fora um tempo feliz, que o impulsionara a seguir em frente, com a pressa em viver tudo, comum à juventude. Ainda era um calouro em uma universidade paulista quando conheceu Rosana, sua ex-mulher. Linda morena com vinte anos de idade, atraente, alegre e inteligente. Cursava Pedagogia e, como ele, era cheia de sonhos e de ideais. Jovens inexperientes, apaixonaram-se, e em menos de três anos já estavam casados. Relembrou o dia do casamento, a noiva entrando na igreja parecia uma pintura magnífica. No terceiro ano de união nasceu a primeira filha: Fernanda. Nove anos depois chegou Ana, angelical e doce, para completar a família bem estruturada. A vida conjugal era abençoada e feliz.

Rosana nunca exerceu a profissão, por se dedicar ao marido e às filhas. Porém, com o passar do tempo, em vários momentos considerava a possibilidade de trabalhar... Certo vazio a fazia se sentir inútil. Mas o marido alegava que a sua posição proporcionava a todos uma vida estável e tranquila, sendo desnecessário qualquer esforço da parte dela.

Nas férias, eles viajavam, ora para o sítio em Goiânia, ora para outros lugares. E nos fins de semana, sempre juntos, passeavam muito e visitavam lugares e amigos. Os melhores momentos Richard vivera junto da esposa.

Aninha acordava aos domingos, bem cedinho. Invadia o quarto do casal para saber aonde iriam passear. Certa manhã, ela entrou ansiosa no quarto.

— Papai, para onde você nos levará hoje? Diga, diga, papai! — falava ao mesmo tempo em que pulava sem parar em cima da cama.

Richard ria muito do jeito moleque da menina e adorava provocá-la.

— Bem, Aninha, hoje não iremos a nenhum lugar, ficaremos aqui em casa assistindo à televisão e comendo pipoca. Todos bem juntinhos.

— Não, assim não vale, papai, hoje é dia de passear! Você prometeu e até deu sua palavra de escoteiro, lembra-se disso? — resmungava desapontada.

— É mesmo! Lembro sim. Então você escolhe o lugar.

Exultando de tanta felicidade, pulava no pescoço do pai, dizendo:

— Vamos ao zoológico! Quero ver as zebras e os jacarés!

— Zoológico de novo? Já o visitamos duas vezes neste mês. Escolha outro lugar. Que tal passarmos o dia aqui em casa sem fazer nada? — retrucava ele para mais uma vez vê-la irritada.

— Não! Vamos ao parque e depois iremos à casa da tia Raquel! Que você acha?

— Pode ser! Bem melhor que a primeira escolha, mas não ficaremos muito tempo na casa dela.

Raquel era a irmã mais velha da esposa, e Richard não simpatizava muito com as ideias da cunhada, mas as meninas a amavam, pois ela fazia todas as suas vontades. Era casada e não tinha filhos, por isso se entregava tanto às sobrinhas. Quando a visitavam, ele passava a maior parte do tempo assistindo a filmes e lendo, evitando, assim, desentendimentos com ela. O cunhado, um médico, vivia de plantão no hospital.

— Então estamos combinados! — dizia à Aninha. — Agora vá se arrumar e tomar seu café da manhã. Avise a Fernanda e a mamãe que façam o mesmo, porque daqui a pouco sairemos.

— Não demore, por favor! — reclamava a caçula sabendo que o pai levava horas para sair do quarto.

Fernanda, com doze anos de idade, era calma e tímida. Estudiosa, dizia que também seria advogada. O pai se sentia feliz por saber que a filha possuía a mesma vocação.

— Eu me sinto muito feliz por você desejar seguir a minha profissão. Terá todo meu apoio... Um dia trabalharemos juntos!

— Serei a melhor advogada que você já conheceu! — dizia com convicção.

— Tenho certeza disso! Quando estiver formada, dividiremos o mesmo escritório. Na porta, colocarei nossos nomes! O que diz sua mãe sobre você querer ser advogada?

— Ela fica feliz.

Ao lembrar-se desses momentos vividos em família, percebia o quanto fora feliz, e dentro de si uma pergunta surgia:

— Por que nossa vida mudou tanto assim? Parecia que tudo sairia como planejávamos e, de repente, uma reviravolta prejudicou tudo.

As mudanças tiveram início logo após o segundo aniversário da caçula, quando Rosana passou por um período de isolamento e depressão. A princípio eram apenas crises rápidas, mas com o passar do tempo foram tomando maiores proporções. Reclamava muito do vazio em que sua vida se transformara. Richard tentava apoiá-la durante o tratamento terapêutico, nas consultas com o psicólogo. No entanto, nada lhe devolvia o ânimo e o gosto pela vida. Raros eram os instantes que, tomada pela coragem de reverter o quadro, planejava retomar as rédeas de seu destino e se envolver com algum novo projeto dentro de sua especialidade, a Pedagogia. No entanto, logo decidia ser muito tarde para começar na carreira. Atormentada, vivia suas crises, entre altos e baixos.

Na verdade, a angústia se instalara nela e criara raízes. Sentia-se fraca e nem sabia a causa. O uso de antidepressivos e de calmantes a mantinha longe do convívio de seus familiares, transformando-a em uma mulher apática e distante, com momentos de profunda introspecção. O dedicado marido mostrava-se paciente e tudo fazia para ajudá-la.

— Rosana, minha querida, vamos aproveitar o dia para passear com as meninas, e, à noite, quem sabe, podemos ir ao teatro ou a um restaurante, somente eu e você. O que acha?

— Acho uma ótima ideia! Aonde iremos com as meninas?

— Em qualquer lugar, meu bem. O que importa é estarmos juntos. Venha, vamos convidar as crianças! — conduzia a esposa pela mão com o mesmo brilho no olhar de quando a conhecera.

No entanto, por qualquer contrariedade, as crises voltavam, intensas e mais duradouras, distanciando-a novamente do mundo e de todos os que a cercavam. Assim, o casamento foi esfriando paulatinamente. Richard foi se afastando da esposa e se desinteressando dos problemas que a dominavam. Sentia pesar por suas filhas, carentes demais com a falta da dedicação da mãe e a ausência paterna, visto que ele trabalhava demais e sobrava pouco tempo para elas.

A realidade se apresentava insustentável, levando-o a assumir importante decisão. Resolveu contratar uma babá para acompanhar Fernanda e Ana. Certa manhã saiu para o trabalho com essa ideia na cabeça e, chegando ao escritório, informou à sua secretária.

— Bom dia, dona Maria Rita! Acompanhe-me até a minha sala, pois estou precisando de um favor seu.

— Bom dia, doutor. Estou às ordens.

— Tenho necessidade urgente de contratar uma babá para minhas filhas, já que Rosana não está muito bem de saúde. Por isso, conto com sua colaboração.

— Sim, senhor. E como se encontra a senhora Rosana?

— Ela atravessa uma depressão, mas não quero falar nisso, desculpe-me! — disse com sinceridade. — Sei apenas que as meninas precisam de alguém que as acompanhe de perto. Por esse motivo, gostaria que a senhora colocasse um anúncio no jornal procurando uma babá. Gostaria que ficasse responsável pelas entrevistas com as candidatas, não tenho tempo de atendê-las. Posso contar com sua ajuda?

— Sem dúvida, doutor! Deixe comigo! E para não atrapalhar o andamento do trabalho aqui no escritório, marcarei as entrevistas para depois do expediente. Porém serão feitas aqui, se não for inconveniente.

— Fique à vontade quanto a isso! Mas quero deixar claro que pagarei por esse tempo extra que ficará envolvida com as entrevistas.

— Está certo, doutor! Farei isso hoje mesmo. Mais alguma coisa?

— Por enquanto, nada mais. Anotarei o perfil da candidata ideal, a exigência de cumprir oito horas diárias, além da necessidade de estar disponível para fixar moradia na mansão. Prefiro assim, para que esteja sempre por perto, caso as meninas precisem dela.

Tão logo recebeu o perfil, Maria Rita colocou o anúncio no jornal já estabelecendo o valor do salário, as exigências e os benefícios oferecidos.

Por se tratar de excelente oportunidade, com uma remuneração considerável para a função, além da possibilidade de dormir no emprego, dezesseis candidatas se apresentaram à vaga, deixando Maria Rita bem atarefada. No final, a escolhida foi uma jovem de dezenove anos, Anita Garcia.

O emprego era tudo o que Anita almejava. Trabalhar durante o dia, continuar seus estudos à noite e ainda ter onde morar. Considerando as dificuldades de relacionamento com os familiares, aquela parecia a solução propícia. Sonhava em sair de casa e ter sua independência financeira. Tinha quatro irmãos, sendo ela a terceira filha de uma família sem muitas posses.

O pai, vendedor autônomo, lutava muito para manter o lar. A mãe, uma simples dona de casa sem estudos, dedicada e amável. A jovem sonhava com a riqueza e com futilidades. Movida por uma ambição desenfreada e demasiadamente obstinada, lutava para conseguir o que queria. Não respeitava nada nem ninguém para alcançar seus objetivos. Jovem e muito bonita, por vezes usava seus atributos físicos para obter sucesso em suas empreitadas. O emprego conquistado figurava-se como pontapé inicial na nova fase que projetava para si mesma.

Dois dias depois, Anita se apresentou ao trabalho na mansão dos Pamplona. Chegando lá se encantou com tanto luxo. Os olhos brilhavam de deslumbramento e observava cada detalhe à sua volta... No imenso jardim por onde passava até ganhar a gigantesca construção, deu asas à imaginação. Ansiou por logo conhecer o interior daquela suntuosa mansão, uma vez que jamais tinha visto tanta riqueza.

"Sei que ainda terei um espaço igual só pra mim!", pensava a jovem, dominada pelo deslumbre.

Foi recebida pela governanta, uma senhora de nome Helena. Segundo a secretária lhe contara, era a pessoa de confiança da patroa, por quem tinha grande respeito e admiração. Vendo a jovem, sorriu se apresentando.

— Bom dia! Você deve ser Anita, a nova babá. Eu já a aguardava. Meu nome é Helena e trabalho com a família há anos. Entre, por favor!

— Muito prazer. A secretária do doutor Richard me falou da senhora recomendando que em qualquer necessidade devo procurá-la primeiramente, certo?

— Sim, isso mesmo, Anita! Agora venha comigo, vou acomodá-la em seu quarto e, depois de instalada, vou mostrar a mansão, as meninas e as funções que desempenhará — falava enquanto a conduzia. — A senhora Rosana, nossa patroa, passa por momentos difíceis de saúde e talvez não a receba hoje.

— Sem problemas. Só tenho uma dúvida. Durante o horário que estarei na escola, com quem ficarão as crianças?

— Ficarão com o próprio doutor Richard. Com meu auxílio, é claro! Você trabalhará de segunda a sexta ficando livre nos fins de semana para visitar seus familiares, se assim quiser.

Atravessavam a enorme cozinha, enquanto a governanta dava as instruções. Alcançaram um longo corredor e pararam na quinta porta à esquerda. Abrindo-a, Helena disse:

— Este é o seu quarto. Seja bem-vinda! Ajeite-se e quando estiver pronta é só retornar pelo mesmo caminho que estarei na cozinha à sua espera.

— Obrigada! Não vou me demorar — a contratada sentia-se grata com a recepção e falava com sinceridade. Fechou a porta e ficou a sós. Reparou em tudo, em cada pequeno detalhe, e viu que tinham bom gosto. Jamais imaginara ocupar um recinto como aquele, pois sempre dividira o seu quarto com os irmãos na pequena casa dos pais.

No fim daquela manhã, Anita já estava cumprindo as funções para a qual fora contratada e logo simpatizou com as meninas, embora Fernanda fosse mais arredia. Não conheceu a dona da mansão no primeiro dia de trabalho, mas não se preocupou.

Quando foi apresentada ao chefe daquela família, sentiu um frio percorrer todo o corpo e junto veio a certeza de que sua vida jamais seria a mesma depois daquele aperto de mão. O que a moça não imaginava era que ele também experimentara as mesmas sensações.

Ainda na sacada do apartamento, o advogado continuava mergulhado em suas reminiscências, quando se lembrou de Anita e sentiu considerável mal-estar, um nó na garganta o sufocou de imediato. Na esperança de afastar tais pensamentos, caminhou até a sala e ligou a televisão. Mudava os canais procurando algo interessante até que o sono chegasse, afastando assim aqueles pensamentos. Sem sucesso, permaneceu preso às teias da ardilosa jovem, cuja simpatia e beleza o envolveram de forma inesperada. De repente, o remorso apoderou--se dele.

— Por que fui me envolver com ela? A minha atitude, puramente carnal, destruiu meu casamento e quase a minha vida também. Fui um imbecil! — afirmou para si mesmo.

Sua inconsequência fora um desrespeito à esposa e às filhas, cuja causa havia sido carência afetiva, além da obediência aos instintos masculinos. Aquela garota virou sua cabeça, destruiu sua família e quase arrasou seu coração.

As cenas de um passado recente vinham-lhe aos turbilhões. Lembrava-se de como Rosana repudiara a babá, não a querendo por perto. Foi mais ou menos nas duas primeiras semanas, quando a esposa apresentou ligeira fase de melhora na saúde, que veio a conhecer a acompanhante de suas filhas. A antipatia foi mútua e instantânea. Desaprovou aquela figura em sua casa e reclamou, achando-a um tanto vulgar e irresponsável. A babá intimamente também criticou a patroa: sem medir as palavras, considerava Rosana mulher fútil, apegada ao luxo e inconsequente. Segundo sua opinião, ela se fazia de deprimida somente para chamar a atenção.

O sinal de alerta se acendeu na mente de Rosana e, decidida a afastar a intrusa que ocupava o seu lugar na rotina das filhas, convidou o marido para um conversa em particular.

— Rick — era como o chamava —, eu não gostei da nova empregada, deve demiti-la o mais rápido possível para que contratemos outra babá! — falou convicta. — Mesmo não concordando com a necessidade dessa função em nossa casa, aceito-a pelas meninas, mas quero outra pessoa com maior qualificação para o cargo, ou seja, qualquer outra que não seja essa Anita!

— Mas as meninas gostaram bastante dela, minha querida! Não posso despedi-la assim sem mais nem menos. Tenha paciência! Foi apenas uma impressão errônea que você teve dela.

— Não mesmo, Rick! Por favor, faça o que lhe peço... Algo me diz que ela nos trará problemas — insistiu com o marido.

— Vou pensar sobre seu pedido, prometo!

As semanas passavam e a babá continuava na mansão. Sentindo-se contrariada, Rosana detestou a afronta. No entanto, como reflexo da doença, faltou-lhe ânimo para as cobranças necessárias; por isso, afastou-se novamente de todos sem conseguir reverter a situação que a incomodava tanto. Omissa, permitia que as coisas continuassem seguindo o mesmo curso sem sua interferência.

Anita foi a única a adorar o afastamento da deprimida. Vibrava em silêncio e, ardilosamente, passou a se dedicar ainda mais às meninas tão carentes da presença materna, buscando com isso preencher o vazio deixado. Tudo fez para conquistá-las, e sabia como trilhar o caminho certo. Em poucos dias, estava tão envolvida naquela silenciosa disputa que decidiu também conquistar o coração do pai de Fernanda e de Ana. Iludida, imaginava estar apaixonada por Richard e queria tê-lo a qualquer custo e se tornar a nova dona da casa.

Cada vez mais encantado com o jeito e o carinho dispensados às filhas, o advogado inconscientemente mergulhou em uma zona de conflitos íntimos e perigosos.

Sentia-se envolvido por aquela linda garota cheia de vida e entusiasmo. Andava só e carente de afeto feminino, visto que a esposa não era mais a mesma que conhecera nos tempos de faculdade. Tais motivos, somados à presença constante da juventude da babá, perturbavam-no em demasia, e, quando percebeu, estava totalmente envolvido.

Passou a observá-la com discrição, evitando assim ser notado. Mas em pouco tempo não conseguiu mais disfarçar a emoção que o invadia quando se aproximava dela. Arquitetava várias maneiras de abordá-la, porque, em seu coração, um aviso lhe indicava que era correspondido na mesma intensidade de seus desejos. Imaginava tomá-la em seus braços e só pensava nisso. Embalado pelo diferente anseio que experimentava, resolveu criar uma situação para que os dois pudessem ficar a sós. Surgiu a ideia de levar as filhas para um passeio. Obviamente, Anita iria acompanhá-los.

Quando lançou a ideia às meninas, a euforia foi geral. Ainda mais que já fazia muito tempo que não saíam para se distrair na companhia do pai. Fernanda, sem conter a curiosidade, perguntou:

— Para onde iremos, papai? Mamãe vai conosco?

— Vamos ao shopping center tomar sorvetes, olhar as vitrines das lojas e, quem sabe, ir também ao cinema! Quanto à sua mãe, vamos convidá-la. Penso em levarmos Anita conosco. O que você acha, Fernanda? — perguntou demonstrando desinteresse; todavia, torcia pela acolhida da ideia.

— Sim, papai, eu acho ótimo! Ela vai gostar do passeio. Mas primeiro vamos convidar mamãe, se ela não quiser nos acompanhar, convidaremos Anita. Pode ser assim?

— Claro que sim! Só gostaria que você não comentasse com ela sobre a possibilidade de a babá nos acompanhar. Rosana poderá achar que sua presença não tem muita importância para nós e assim se sentir deixada de lado.

— Você tem razão, ela ficaria triste — concordou a menina sem nem imaginar o real desejo do próprio pai.

— Suba até o quarto agora para convidá-la, e eu vou pedir a Anita que ajeite Aninha para o nosso passeio! Vamos nos divertir muito hoje, eu prometo! — afirmou quando percebeu que a proposta havia iluminado o semblante da filha. Fazia meses que não passavam momentos alegres e descontraídos. — Estamos combinados, então?

— Estamos! Vou agora mesmo falar com a mamãe! — Fernanda partiu animada em direção ao quarto dos pais. Entretanto, foi barrada antes que alcançasse o destino.

— Pensei melhor e achei por bem eu mesmo ir falar com sua mãe, enquanto você e sua irmã vão se preparando. Talvez, se o convite for feito por mim, ela se anime — decidiu ele.

— Sim, papai! Vou contar a novidade para Aninha.

Os dois encerraram a conversa e cada um seguiu seu rumo. No quarto, olhava com pena para a mulher que se encontrava no leito, totalmente entorpecida pela quantidade de medicação, que a mantinha alheia ao mundo e quase lhe anulava por completo as forças e a vontade de viver.

Acordou-a com carinho e aguardou uns minutos para que ela se situasse; ao perceber que já podia falar-lhe, fez o convite do passeio, embora desejasse a resposta negativa, porque a verdadeira intenção era de levar a babá e assim ficar um pouco mais próximo dela, como vinha desejando.

A voz carinhosa do marido fê-la sorrir, embora um tanto distante. Esforçou-se para prestar atenção em cada palavra dita, todavia, dispensou de pronto o convite usando a mesma desculpa de sempre: a falta de disposição para sair de casa. Richard, com satisfação disfarçada, aceitou a recusa. Beijou-lhe a face e a ajeitou novamente no leito. Permaneceu ali esperando que o sono a dominasse outra vez.

Do lado de fora do quarto ele ouvia as vozes animadas das filhas fazendo muitos planos e tentando convencer a babá a acompanhá-las, embora ela negasse, explicando:

— Gostaria muito de ir com vocês no passeio, só que não acho apropriado, visto que é um passeio em família e sua mãe poderá não aprovar a minha presença, sem contar que doutor Richard também não me convidou.

Sem mais esperar, ele bateu à porta antes de entrar. Explicou que Rosana sentia-se indisposta e não iria com eles. Enquanto falava, fitava os olhos de Anita.

— Seria um prazer se você nos acompanhasse, assim me ajudaria a controlar essas meninas tão consumistas — sorriu com sinceridade, na esperança de não ouvir uma recusa.

Apesar da tristeza por saber que a mãe não aceitara ir ao passeio, Aninha insistiu com a babá.

— Vamos, Anita, aceite! Você vai adorar passear no shopping center! Não é mesmo, papai?

— Acredito que sim! E depois estamos muito tempo sem fazer isso todos juntos — admitiu. — Ando trabalhando muito e esquecendo de que minhas filhas precisam se distrair um pouco. Então lhe peço: aceite o convite!

— Aceito, sim, e fico muito agradecida! — respondeu sem tirar os seus olhos dos dele. Nem tentou esconder a imensa euforia que invadia sua alma ao saber que Richard clamava por sua presença. — Vou me arrumar e já me encontro com vocês!

— Esperaremos, não precisa se apressar — assegurou o patrão.

Meia hora depois, Anita entrou na sala onde a esperavam. Usava um vestido floral com alças, confeccionado com um tecido levíssimo em tom pastel; sandálias altas e uma bolsa discreta. Seus cabelos longos e soltos balançavam quando caminhava, a leve maquiagem a deixou ainda mais linda e intensificou o brilho do olhar. Era a primeira vez que Richard a via sem uniforme, e, pela expressão de satisfação e surpresa, a moça percebeu que aprovara. Aninha correu em sua direção, elogiando-a.

— Nossa, Anita, você está linda!

— É bondade sua, meu anjo — respondeu meio sem jeito.

Estavam muito ansiosos com o programa em grupo e partiram animados, com exceção de Fernanda, que estava um tanto triste com a ausência da mãe. E, antes de entrar no automóvel, dirigiu-se ao pai.

— Não seria melhor que eu ficasse para cuidar de mamãe? Vocês podem ir, não ficarei chateada — a preocupação era real, causando-lhe uma estranha sensação de que algo poderia acontecer se ali não permanecesse.

— De jeito nenhum! — respondeu o pai. — Você também precisa se distrair um pouco. Além do mais, sua mãe está dormindo e não acordará tão cedo!

— Se é assim, vou mais sossegada — comentou adentrando o veículo.

A tarde era agradável, divertiram-se bastante. Aninha parecia ter uma bateria dando-lhe mais e mais energia, pois não parava um minuto. Correu, falou o tempo todo, tomou vários sorvetes, brincou no parque instalado próximo à área de alimentação. Fernanda, por sua vez, estava gostando e sentindo-se alegre, mas não desligava o pensamento da figura materna. Uma forte intuição a avisava de que a mãe precisava dela ao seu lado. Anita, por sua vez, sentia-se nas nuvens, como se os quatro formassem uma família feliz. Parecia tudo perfeito e, em determinados momentos, percebia que o patrão a olhava de uma forma diferente, deixando-a desconcertada. Tudo era só alegria naquela ocasião. Então, decidiram assistir a um filme infantil. As meninas se afastaram a fim de comprar os ingressos, e Richard aproveitou para ceder à imensa vontade de se declarar a Anita. Queria falar de sua carência e do quanto ela mexia com ele, de um jeito que não conseguia mais controlar a vontade de tê-la em seus braços. Assegurou-se de que as meninas estavam distraídas, então pegou a mão de Anita e falou:

— Você está muito linda! — aproximou-se um pouco mais dela e a abraçou por uns segundos dizendo-lhe nos ouvidos: — Estou completamente maluco por você!

Anita, surpresa, não sentiu o chão naqueles breves segundos e retribuiu o abraço sorrindo. Ao mesmo tempo em que olhava nos olhos dele, disse baixinho:

— Você é tudo o que mais quero nesta vida!

Esperou por um beijo apaixonado, mas ele se afastou completando quase em sussurro:

— Precisamos conversar em outro lugar, aqui não é seguro! Eu a avisarei quando chegar o momento certo!

Mais tarde, estavam os quatro felizes em uma das lanchonetes. Faziam comentários sobre as aventuras do filme a que haviam assistido. Richard parecia um menino cheio de vida, com a alma leve e em paz.

Enquanto isso, na mansão, Rosana despertava de seu sono confuso. Atordoada e muito abatida, levantou-se com certa dificuldade. A cabeça parecia vazia, ao mesmo tempo em que as ideias giravam sem parar. Lembrou-se de ter ouvido o marido convidando-a para um passeio. Parecia tudo vago como em um sonho. Resolveu conferir.

Ao descer as escadas sentiu uma vertigem que a levou ao chão. Com dificuldade, conseguiu segurar no corrimão e chamar por Helena, sua fiel criada. Quando esta se aproximou, assustada, a viu tombada e correu para socorrê-la.

— O que está sentindo, dona Rosana? Ouvi seu chamado.

— Nada de importante, me desequilibrei, agora está tudo bem! Quero apenas saber onde estão Rick e as meninas, não os vejo aqui...

— Doutor Richard levou as meninas para dar um passeio, me disse que a senhora não quis acompanhá-los.

— Então não era um sonho, ele me convidou — concluiu um tanto confusa. — Foram só os três?

— Não, senhora, Anita foi para ajudá-lo a cuidar das meninas! — respondeu sem pensar.

Quando ouviu o nome da babá, foi apanhada por uma espécie de revolta. Um furacão interno a sacudiu e plantou o ciúme e o ódio dentro dela. Descontrolada, quase se jogou do alto da escada, e aos gritos desaprovava.

— Não posso acreditar! Rick não poderia ter feito isso comigo! Não pode ser! — o choro foi inevitável, mas a raiva ainda maior lhe injetou uma força que havia muito não possuía. Andava sem parar pela sala, gritava e jogava os objetos contra a parede. — Ligue para ele, Helena, quero dizer-lhe que desaprovo o que fez e o quanto me humilhou com essa atitude tão desmedida!

— Acalme-se, por favor, senhora! — arrependeu-se Helena por ter falado a verdade.

— Que ódio eu sinto deles! Por que fizeram isso comigo? Como os odeio!

Aturdida, ela gritava. Retornou para seu quarto antes que a governanta completasse a ordem dada.

— Não precisa mais ligar, deixe-os lá! Todos me traíram! Quero ficar só, não quero ver ninguém! — bateu com força a porta do quarto, encerrando-se em sua solidão.

Helena ouvia um choro sofrido sem nada poder fazer. Por um longo tempo os soluços da patroa ecoaram tristemente, até que um silêncio angustiante se fez no interior daquele quarto. Ela aguardava o fim daquele sofrimento, e também queria se certificar de que tudo estava bem com a patroa. Chamou-a seguidas vezes, porém não houve resposta. Decidida a não incomodá-la mais, ia deixando-a sozinha, quando um barulho de vidro quebrando no chão a reteve. Sem se anunciar, abriu a porta do quarto e deparou com Rosana caída no chão. Em volta dela, sangue, um copo quebrado e diversas cartelas vazias dos comprimidos controlados que ela usava. A dedução foi rápida: havia ingerido grande quantidade de comprimidos. Desesperada, correu ao telefone para avisar o advogado.

Eles ainda estavam na lanchonete do shopping center. Do outro lado da linha, a voz de Helena em soluços.

— Doutor, desculpe-me aborrecê-lo, precisam voltar urgente para casa!

— O que está acontecendo? Diga-me logo! — inquiriu ele bastante aflito.

— É dona Rosana, doutor. Ela tomou muitos comprimidos e está caída no chão do quarto. Não sei o que fazer, senhor.

— Chame o doutor Carlos, relate o que aconteceu! Já estamos indo de volta para casa! — desligou e logo após avisou que precisavam voltar para casa imediatamente.

Saíram apressados. Aninha reclamou sem nada entender, e Fernanda confirmava a intuição de que algo muito grave estava acontecendo, então perguntou assustada:

— O que aconteceu com mamãe?

— Nada sério, meu amor. Ela não se sente bem, por isso voltaremos agora mesmo! — olhava para Anita, que, ao ver a expressão preocupada, deduziu que algo sério ocorria na mansão.

O médico psiquiatra já estava atendendo a paciente, quando chegaram. Richard pediu à babá que levasse as meninas para o quarto e seguiu silencioso ao encontro da esposa, que, segundo a governanta, encontrava-se em total desequilíbrio. No recinto, encontrou o médico, dona Helena e Rosana, deitada na cama, já em profundo sono, embora com um curativo na altura do ombro direito. Cumprimentou-os, em seguida quis ficar a par de toda a situação.

— Como ela está? O que realmente aconteceu?

— Ela teve uma grave crise nervosa e tentou o suicídio! — relatou o médico. — Rosana chegou ao limite, e isso se torna bastante perigoso. Recomendo que a levemos para uma clínica de repouso por alguns dias. Até que ela recobre seu equilíbrio e possa retornar para casa. Conheço uma ótima clínica de um colega; no entanto, fica fora da capital. O que você decide, Richard?

— Acha mesmo necessário interná-la, doutor? — indagava meio perdido, sem saber ao certo o porquê daquele quadro tão deprimente.

— No momento, não encontro outra saída — respondeu o médico. Pois, ficando aqui, poderá tentar novamente o que não conseguiu, e convenhamos que não seria nada saudável para suas filhas presenciar esse tipo de cena.

— Tem toda razão! Faça como achar melhor para a saúde de Rosana.

— Tomarei as providências necessárias! — respondeu o doutor Carlos antes de chamar a ambulância responsável pelo transporte até a clínica de repouso.

Um silêncio dolorido se fez presente nos aposentos. Todos aguardavam com tristeza o desfecho daquela situação, menos Aninha, que, inocente, mantinha-se alheia ao estado de saúde da mãe. Anita a mantinha distraída no quarto, para evitar que assistisse às cenas daquele lamentável episódio. Fernanda, assustada, chorava muito, culpando-se a todo instante por não ter ficado junto da mãe. Ao vê-la naquele estado, Richard se compadeceu da dor da filha e a consolou com todo carinho.

A doente foi levada. O médico a acompanhou, pedindo para Richard segui-los. Antes de sair em direção à clínica, o advogado chamou Helena em um canto. Queria saber o motivo que levara a esposa a tomar aquela atitude. Ela, no entanto, com medo de revelar ao patrão sobre a ira incontrolada que acometera sua esposa, preferiu silenciar, fazendo de conta que de nada sabia.

— Não faço ideia, senhor! Ela me chamou, chorou muito! Logo depois de me retirar, escutei um barulho. Retornei apressada e a vi caída no chão, o ombro direito sobre o copo quebrado e várias cartelas de comprimidos vazias à sua volta.

— Está certo. Vou acompanhá-la até a clínica. Por favor, ajude a cuidar das meninas! Avise Raquel do ocorrido. Até logo!

— Vá tranquilo, doutor! Eu farei o que mandou.

Um triste vazio tomou conta da mansão desde que ela foi internada. Richard se desdobrava entre o trabalho, a família e a clínica. Contava com o apoio de sua cunhada, Raquel, que passava muitos dias ao lado da irmã.

Muito solitário e carente, não sabia ao certo como lidar com toda aquela nova realidade. Em uma noite, chegava à mansão. Vinha da visita à esposa. Dirigiu-se ao quarto das filhas para vê-las antes de descansar e lá encontrou Anita dormindo junto delas. Aproximou-se, alisou seus cabelos acordando-a.

— Você parecia um anjo dormindo. Desculpe-me por acordá-la!

— Não precisa se desculpar. Elas estavam bastante assustadas, então resolvi ficar aqui aguardando a sua chegada.

— Nem sei como agradecer tamanha dedicação! — respondeu ele cheio de ternura nas palavras.

— É meu trabalho e o faço com amor!

— Sei muito bem disso. Mas agora, se não estiver muito cansada, eu gostaria de falar com você a sós lá na biblioteca. Vou aguardá-la!

— Irei sim! Descerei em seguida.

Richard a aguardava na biblioteca e, no exato instante em que ela atravessou a porta, envolveu-a em seus braços beijando-a longamente. Sem mostrar resistência, Anita correspondeu com a mesma paixão. O advogado, um tanto emocionado pela espera daquele momento, esqueceu o drama que vivia.

Quinze dias se passaram, e Rosana continuava na clínica, porém mais calma e equilibrada, já estando em condições de receber a visita da irmã e do marido. Em uma das visitas, falou da saudade que sentia de casa e de suas filhas e comentava mais disposta:

— Mal posso esperar o dia de poder abraçá-las, senti-las perto de mim de novo. Nunca mais ficarei longe delas!

— Fico feliz em vê-la tão animada, fazendo planos. — Richard concordava, mas com o pensamento um tanto distante, porque a sua mente ultimamente só buscava uma direção: Anita.

— Sim, meu querido. Desculpe-me pela loucura que cometi! Prometo-lhe que daqui para a frente serei mais presente na vida de todos.

— Vamos esquecer o que passou. De agora em diante será tudo diferente. Seremos felizes novamente! — falava sem acreditar nas palavras que dizia, porém não poderia desanimá-la, mesmo porque ainda a amava, de um jeito novo, sem paixão e sem desejos, somente como a companheira de tantos anos.

Ela o ouvia com certo entusiasmo, temendo, entretanto, não conseguir cumprir o que estava prometendo. Richard, por outro lado, queria muito sua família de volta, pelo bem de Fernanda e de Ana. Tentaria manter o casamento e o relacionamento extraconjugal ao mesmo tempo, nem que para isso tivesse de afastar a amante da mansão. Acreditava que ela entenderia a necessidade dele em ficar junto da família e também de viver a paixão que surgira entre eles. Nutria a ilusão de que poderia manter tudo como estava.

Despediu-se de Rosana e, antes de deixar a clínica, procurou pelo psiquiatra para saber quando a esposa teria alta. Foi informado que dentro de dois ou três dias ela poderia retornar ao lar. Essa notícia, apesar de esperada, deixou-o um tanto agitado. Precisava falar com

Anita. O romance deveria continuar longe da mansão, para que a esposa fosse poupada de qualquer aborrecimento. Ninguém poderia sequer desconfiar do que existia entre os dois.

Com tais pensamentos, voltou para o escritório ansiando o fim do dia para estar com sua nova amada e assim combinar outro local para os encontros furtivos.

No fim do dia, contou a novidade para as meninas, que pularam de alegria. A amante, que estava por perto, ouvia a conversa e ficou um tanto decepcionada, queria muito que a patroa nunca mais voltasse. Tentou disfarçar o desapontamento e, sorrindo, dissimulou satisfação e vibrou com todos.

Os dias voaram. Quando Rosana entrou na mansão foi recebida com muito carinho e saudades de todos, inclusive dos empregados. A babá estava entre eles para recepcioná-la, e, quando seus olhos se cruzaram, o desconforto foi evidente. Procurando manter-se calma, apenas acenou para Anita indo se juntar ao marido, a Fernanda e Aninha.

Richard, bastante desconfortável com a situação, tentou manter o autocontrole. Mas assim que a esposa se recolheu, foi ao encontro da linda menina. Achou-a no jardim da mansão, sentada em frente ao orquidário, pois findara o horário de trabalho e não sentia vontade de assistir às aulas naquela noite. Ele se aproximou de mansinho, e ela, por estar distraída, se assustou. Preocupada com as mudanças, não hesitou em questionar.

— Como ficaremos daqui por diante? Será que devo esquecê-lo? Não conseguirei — aparentava muita tristeza no olhar.

— Não fique triste, minha boneca! É por esse motivo que estou aqui. Precisamos resolver esse impasse, não penso em me afastar de você. No entanto, sabe que tenho uma família pela qual sou responsável. Elas precisam muito da minha presença! Ainda mais nesse momento — disse-lhe com sinceridade. — Sairei de casa daqui a pouco e a aguardarei aqui próximo da mansão; arrume-se como se estivesse indo para a aula e me encontre lá.

— Eu estava mesmo sem ânimo para assistir às aulas hoje. Irei encontrar você.

— Combinado então! — concordou ele saindo do jardim em seguida.

Ela o encontrou algumas quadras adiante. Entrou rapidamente em seu carro e, às pressas, partiram para um local mais reservado. Richard dirigiu sem falar uma palavra sequer, ia imaginando como seria a conversa com Anita. Eles chegaram ao destino, um apartamento no bairro vizinho, local que mais tarde serviria para os encontros amorosos. Quando estacionaram na garagem do prédio, ele quebrou o silêncio.

— Subiremos até meu apartamento e lá poderemos conversar sem receios.

Anita nada respondeu deixando-se apenas ser conduzida por aquele homem que adorava. Ele decidira durante o caminho deixar tudo bem claro entre eles; por isso, sem rodeios, foi logo colocando as regras, sem se importar com a opinião dela.

— Anita, para que possamos viver nosso romance por longo tempo, já que não desejo colocar um fim nessa relação que estamos vivendo, quero que você entenda minha situação de homem compromissado com a família — enquanto falava, observava atento a reação dela. — Sinto muito carinho e um louco desejo por você. Meu casamento sobrevive de aparências há algum tempo, ou seja, desde que Rosana começou a apresentar sintomas de sua doença. Todavia, não posso afastar-me da realidade, em respeito às pessoas envolvidas, pelas quais tenho também enorme carinho e nem de longe imagino fazê-las sofrer. Ultimamente tenho passado momentos deliciosos junto de você, que me fazem sentir vivo e igualmente desejado. — Parou um segundo, respirou fundo e continuou:

— Penso em afastá-la da condição de babá das meninas colocando-a em um lugar só nosso; assim, imagino que evitamos aborrecimentos e a possibilidade de sermos descobertos. O que não admito no momento é mudar nada em minha vida! Quero você comigo, mas quero igualmente minha família! Eu quero que pense bastante sobre o que estou lhe falando e só depois me responda o que decidiu — finalizou.

Anita se esforçou para esconder sua decepção ao ouvir aquelas palavras, mas o que mais a incomodou foi saber que o amante sentia, além do carinho, somente desejo, e não o amor que esperava que ele sentisse por ela, como ela sentia por ele. Porém, esperta e dissimulada, entendeu que ainda não era o momento de cobranças, por isso, fingiu compreendê-lo e, com muita doçura, lhe afirmou:

— É claro que entendo, meu querido! Nem preciso de tempo para decidir, pois não penso em afastá-lo de sua família! Mas quanto a deixar de cuidar das meninas... gostaria que repensasse, pois as amo por demais e quero continuar perto delas. Prometo me controlar e manter as aparências durante o trabalho. Você pode confiar em mim!

Aquelas palavras deixaram o doutor muito satisfeito. Acreditando na transparência e sinceridade do que havia escutado, envolveu-a em seus braços, entregando-se novamente àquela paixão desenfreada.

Por várias horas ali permaneceram os dois, amando-se numa entrega quase total.

Todas as lembranças daqueles momentos ressurgiram com grande nitidez durante o tempo em que permaneceu na espreguiçadeira da sacada. De todas, as de Anita eram as que mais o incomodavam. Um misto de tristeza e remorso acompanhava cada cena revivida, porque o que viveu ao lado daquela jovem foi um conjunto de acontecimentos que mudaram a trajetória de sua vida, deixando-o atormentado por um forte arrependimento. Tentava inutilmente livrar-se do passado desde que voltara ao seu apartamento. Todavia, a sua atenção estava presa naquele tempo e, por mais que se esforçasse, não conseguia parar de pensar em tudo o que vivera ali.

Sem entender por que, uma força o envolveu com enorme poder, levando-o de súbito ao quarto de hóspedes que ele mesmo mantinha fechado, sem permitir que nem a arrumadeira, dona Lúcia, nele entrasse. Guiado por aquela influência hipnotizante, viu-se abrindo a porta dele. Ao entrar, foi imediatamente invadido por uma onda congelante que o arrepiou da cabeça aos pés e, em meio daquela escuridão aterrorizante, tentou retroceder, sair dali.

Havia mais de um ano que não entrava naquele aposento que servira de cenário para o romance com Anita. Tinha gravado dentro de si cada detalhe, cada móvel e cada objeto em seus respectivos lugares. Até o cheiro dela estava impregnado no ambiente. Tinha sido muito doloroso viver distante do local onde experimentara uma intensa e tão prejudicial aventura amorosa, mas agora percebia que era necessária a privação, pois cada cena de amor, cada encontro que ocorrera entre aquelas paredes voltava com intensidade. Sentia-se como se as estivesse revivendo.

A única iluminação era uma suave claridade do céu estrelado que atravessava a janela. E, como em sonho, Anita surgiu próximo à janela. Richard não acreditava no que via, esfregou os olhos algumas vezes para se certificar de que não passava de uma sugestão. E ao abri-los novamente, viu Anita parada olhando-o com uma expressão acusadora.

Num gesto repentino, atirou-se sobre o leito onde outrora tinham trocado carícias de puro desejo. Esmurrou os travesseiros, enquanto chorava compulsivamente, como se as lágrimas tivessem o poder de apagar a angústia de seu coração.

— Não pode ser, devo estar ficando louco! Meu Deus, devo estar enlouquecendo mesmo! Ela está morta! Não pode ser! — repetiu várias vezes. — Anita está morta!

Mais calmo e refeito da emoção, acendeu a luz do quarto à procura da imagem que vira minutos antes.

— Só pode ser reflexo do meu cansaço, em razão das minhas lembranças de hoje. Quem sabe por eu estar aqui neste quarto? Ela não vive mais, como poderia vê-la aqui? — afirmou sentindo certo alívio ao perceber que não era real o que vira. — Preciso da ajuda de um terapeuta, do contrário vou enlouquecer, ando desequilibrado demais — fechou a porta prometendo a si mesmo não mais entrar ali, quando surgiu uma ideia repentinamente: — Farei uma mudança neste cômodo! Derrubarei a parede e juntarei com a do quarto ao lado para ter mais espaço e, assim, construirei a minha biblioteca, igual à que tinha na mansão. Tomarei as providências necessárias amanhã sem falta! — essa decisão foi acompanhada de certo remorso em ter de destruir um recinto com tantas lembranças ainda vivas dentro dele, mas desejava a destruição, só precisava de coragem para realizar o intento.

Tantas emoções deixaram-no exausto. Retornou para a sacada, sem se libertar da imagem vista junto da janela. Queria realmente encontrar uma explicação para a visão e mais ainda para isentá-lo da culpa que o perseguia, arrependido pelo desfecho da trágica paixão. Sem encontrar respostas, transportou-se no tempo, relembrando os momentos que a tivera em seus braços.

Capítulo 3

Passado recente

Alvorecia uma nova manhã na mansão dos Pamplonas, localizada em um bairro nobre da cidade de São Paulo. Antes de sair para o escritório, o advogado procurou por Anita.

— Bom dia! Quero entregar-lhe algo. Espero por você na biblioteca!

— Bom dia, meu amor — cumprimentou-o com olhar manhoso e, sem tomar maiores cuidados, enlaçou-o beijando seu rosto.

— Cuidado, menina! Você me prometeu se comportar, lembra? Precisa controlar-se, por favor, antes que sejamos surpreendidos — recomendou preocupado, ordenando: — Acompanhe-me.

Entraram quase juntos na biblioteca. Ao fechar a porta, Richard a beijou longamente. Entregou-lhe em seguida uma chave, explicando:

— Esta é a chave do apartamento, aquele em que ficamos outro dia. Espere-me lá hoje, no horário de suas aulas, pode ser? Aqui não poderemos mais nos encontrar.

— Esperarei por você repleta de desejo — respondeu guardando a chave no bolso do uniforme. — Precisamos encontrar um horário para nos encontrarmos sem que eu tenha de faltar nos estudos — explicou para Richard.

— Pensaremos nisso juntos!

— Mais importante do que tudo para mim é ficar ao seu lado, meu amor — ela demonstrava cada vez mais um maior envolvimento com ele.

— Agora preciso correr para o escritório. Até a noite, minha querida! — despediu-se dela com um rápido beijo e se foi, deixando-a na biblioteca.

No escritório, contava os minutos para o encontro com Anita no apartamento que mantivera fechado desde o último encontro. Estava ansioso para encontrar-se com a garota que lhe fazia tão bem naquela fase difícil que atravessava no casamento. Quando chegou o fim do expediente, despediu-se da secretária sem sequer olhá-la.

— Até amanhã, dona Maria Rita!

— Boa noite, doutor, e até amanhã!

Seguiu para o local combinado, onde Anita o aguardava perfumada e linda. Passaram horas juntos sem nem pensar na vida longe daquelas paredes. E, a partir daquele dia, os encontros extraconjugais de Richard aconteciam naquele endereço. No início ocorriam duas ou três vezes na semana, mas não tardou a se tornarem frequentes, afastando-a das aulas. Fernanda e Ana também foram privadas da companhia do pai durante a noite, porque quando ele retornava para casa elas estavam dormindo.

Tinham combinado de se controlarem na mansão, mantendo distância para não levantar suspeitas. Porém, por vezes Anita se traía, com gestos e olhares comprometedores, deixando-o preocupado e até nervoso. Na realidade, era essa a verdadeira intenção da babá. Queria muito que fossem descobertos. Assim, conforme imaginava, Richard poderia ficar para sempre junto dela. A cada chance, novas e arriscadas situações eram provocadas. Mais atento às intenções de Anita, Richard temeu pela destruição da vida familiar. Movido por maiores cuidados, cobrou da amante atitudes mais responsáveis. Sua paciência se esgotava diante de tanta teimosia, e sem cerimônia a advertiu:

— Você precisa ser mais discreta quando estivermos em casa! Mais uma vez lhe peço cautela, lembrando que sou um homem casado e, para todos os efeitos, na mansão sou seu patrão! Pare de se comportar feito uma criança teimosa e ouça-me, por favor! Repito de novo: amo a minha família e quero preservá-la, entende o que digo?

Essas palavras foram recebidas por ela como uma demonstração de desprezo ao amor que lhe dedicava. Enfurecida, afetando seu frágil equilíbrio, passou a acusá-lo:

— Você me pede para esconder meus sentimentos depois de tudo o que vivemos aqui e na mansão? Responda-me, Richard! — gritava Anita quase em delírio. — Ama sua esposa que tanto o priva de carinho e atenção e me usa somente para satisfazer seus desejos?

Ele nada respondia. Ficava parado apenas analisando a reação da jovem amante, a qual, totalmente desequilibrada, berrava:

— Não vê que ela não o ama como eu? Rosana finge que está doente por comodidade, você não percebe? — andava de um lado para o outro do quarto, enfurecida e descontrolada.

— Chega! — ordenou Richard com firmeza. — Não se comporte assim, não me faça cobranças nem atire sobre mim suas conclusões errôneas! Vou repetir pela última vez: tenho compromisso com minha família! E por hoje, chega! — ele encerrou a discussão e decidiu ir embora deixando-a ali sozinha.

— Não pretendo ser apenas um objeto de prazer e tampouco um brinquedo para você, doutor Richard! — ironizou a garota.

Sem nada mais a dizer, por ser inútil naquele instante, saiu dali batendo a porta com toda a força. Bastante nervoso, articulava palavras ofensivas, enquanto esmurrava o volante do automóvel.

— Que droga! Esta menina me trará muitos problemas! Não posso permitir isso!

Richard não esperava a reação da amante. O descontrole de Anita demonstrava o outro lado de sua personalidade, até então desconhecido. Acertara com ela o relacionamento e sua decisão a respeito de não desistir da família. Aliás, nem passava pela cabeça do advogado em tempo algum abandoná-las, e Anita, para ele, não era mais do que um caso amoroso sem grandes consequências.

A maneira como estava conduzindo a vida ultimamente precisava ser repensada. O casamento esfriara, mas amava Rosana e as filhas, ainda tão pequenas e dependentes de um lar harmonioso e bem estruturado. Mas sentia desejo por Anita, atraído pela juventude e beleza, e pelo desejo carnal que ambos nutriam. Ao menos sua vida profissional caminhava normalmente. Porém, tudo poderia ir por água abaixo se o comportamento dela continuasse arriscando os projetos do advogado de forma tão irresponsável. Jamais tinha feito promessas de amor desde que iniciara aquele caso amoroso sem futuro algum. Certamente um impasse se instalara e, por mais que cogitasse adiar uma decisão, se via obrigado a tomá-la o mais rápido possível. Tentaria ter outra conversa com Anita e, se não percebesse mudanças em suas atitudes, com certeza se afastaria dela definitivamente.

Envolvido naqueles pensamentos, Richard nem notou que havia chegado à mansão. Surpreendeu-se ao ver a esposa, toda produzida, aguardando a sua chegada. Sorriu quando o viu. Richard beijou-a na face e demonstrou estar feliz com a surpresa.

— Boa noite, minha querida! Que bom vê-la tão disposta! — olhava-a com muita ternura.

— Estou esperando-o há duas horas e quase desisti. Sinto-me muito disposta hoje, como não fico há muito! E você, como está, Rick?

— Cansado, muito cansado! Tenho trabalhado bastante ultimamente. E as meninas, onde estão?

— Dormindo. Ficaram um pouco comigo, mas a hora estava ficando muito avançada, então as coloquei na cama.

— Desculpe-me, se eu imaginasse que me aguardavam, teria vindo mais cedo pra casa. Iria adorar ver as três à minha espera — ficou um tanto sem jeito ao olhar para o relógio e ver o adiantado das horas. E como a esposa não tocara no assunto, achou bem melhor assim, porque evitava um atrito entre os dois.

— Não avisamos, como poderia saber que esperávamos por você! — ela falava com muita propriedade, deixando-o ainda mais encantado com seu novo semblante. — Rick, eu preciso ter uma conversa muito séria com você a respeito da babá e também sobre uma viagem que pretendo fazer com as meninas. E eu ficaria muito feliz se você pudesse nos acompanhar.

Ele não deixou transparecer o incômodo causado ao ouvir Rosana mencionar Anita "O que será que falará sobre ela?", pensou.

— O que posso adiantar é que acho desnecessário o serviço da babá, eu mesma posso cuidar das nossas filhas!

— Mas está segura de que pode cuidar delas sozinha, minha querida? — Richard demonstrava naturalidade.

— Totalmente! Dentro de alguns dias terei nova consulta com o doutor Carlos e, se ele concordar, desejo fazer uma pequena viagem com Fernanda e Ana, e, se possível, com você também.

— Não será possível neste momento, meu bem. Tenho muito trabalho no escritório. Estou bastante ocupado, estamos fechando vários contratos, mas gostei muito da ideia. Será ótimo você e as meninas passarem uns dias juntas — Richard já pressentia mudanças importantes para todos na mansão. Mas o comentário da esposa sobre a demissão de Anita mexera bastante com ele.

— Vamos para nosso quarto? — ao lhe perguntar isso, Rosana o devolveu à realidade.

— Sim, minha querida! Estou muito cansado.

Envolvendo a esposa com o braço, conduziu-a com carinho pela escada até chegarem próximos à porta do quarto. Repentinamente, Rosana deu um beijo inesperado em seu amado Rick.

Horas mais tarde, Anita chegou à mansão muito triste por ter sido abandonada no apartamento. Resolvida a cobrar de Richard uma atitude definitiva, não aceitaria de jeito nenhum ser usada. Amava-o demais e faria qualquer coisa para tê-lo com ela para sempre.

Amanheceu o dia, e, como todos, a babá fez seu desjejum apressadamente e, em seguida, dirigiu-se para o quarto das meninas. Precisava ajeitá-las para a escola e só depois procuraria pelo amante na tentativa de se retratar pelas besteiras que lhe dissera. Porém, ao chegar, quase caiu para trás ao ver Rosana e o marido abraçados demonstrando enorme alegria, igualmente compartilhada pelas filhas. Não tinha mais como sair do local sem ser notada. Percebendo sua presença, o advogado, educadamente, porém com certa distância, disse:

— Bom dia, senhorita Anita!

— Bom dia, doutor Richard! — Anita procurava sufocar as lágrimas e o ódio que invadiram sua alma naquele instante.

Rosana prestava atenção na expressão da moça, medindo-a dos pés à cabeça. E, contendo-se, dispensou-a sem nenhuma cerimônia.

— Pode deixar comigo! Arrumarei as meninas para a escola. Vá auxiliar Helena na cozinha!

— Fui contratada apenas para cuidar das crianças, senhora! — retrucou a empregada, desapontada.

Para evitar que maiores problemas surgissem entre elas, o advogado entrou na conversa.

— Desculpe, senhorita, acho que minha esposa ainda está um tanto confusa. Pode deixar conosco, iremos arrumá-las para a escola. Por isso, tire a manhã para descansar!

— Sim, senhor! — respondeu Anita olhando-o nos olhos. Em seguida, se retirou.

— Não gosto nada dessa garota! — retrucou Rosana, um pouco abalada com a presença indesejada da babá. — Precisamos resolver logo essa situação, Rick. Quero que ela seja demitida o quanto antes, pois sou capaz de cuidar sozinha de minhas filhas!

— Falaremos disso mais tarde, querida.

Ana e Fernanda assistiam à cena caladas, mas quando ouviram falar em demitir a babá, interferiram em sua defesa:

— Não mande Anita embora, mamãe, por favor! Ela é nossa amiga! A única amiga de verdade que temos

— argumentou com voz chorosa a pequena Ana, esperando a irmã ajudá-la na defesa.

Fernanda reforçou a ideia comentando:

— É mesmo, mamãe, gostamos muito dela! Sempre está por perto e nunca nos deixa sozinhas. Afasta-se apenas à noite para ir à escola. Ela me falou que quer ser médica. Você sabia disso, papai?

— Claro que não, minha princesa! — ele respondeu, um tanto aliviado ao perceber que suas filhas defendiam com carinho a babá. Assim, talvez conseguisse mudar a decisão da esposa.

Sem outros argumentos, Rosana calou-se, decepcionada ao perceber como a garota aos poucos roubava sua família. Precisava fazer algo, mas com muito cuidado. Não desejava deixar-se abater mais pelas crises depressivas: tentaria de todas as formas retomar o controle da situação. Sorriu um tanto sem jeito e fingiu concordar.

— Tudo bem, meus amores, vou respeitar a amizade que vocês duas têm por ela... Mas agora vamos, papai não pode se atrasar mais para o trabalho! — momentaneamente se daria por vencida, mas mudaria aquela situação desagradável a qualquer custo. Perguntava-se em silêncio: "O que a outra fizera para que as meninas a adorassem tanto?". Sem encontrar nenhuma resposta, resolveu deixar o assunto para outra ocasião.

Anita, por sua vez, entregava-se ao ódio em seu quarto. Andava sem parar de um lado para outro. Furiosa com a arrogância de Rosana, esbravejava:

— Como pôde falar comigo daquela maneira? Não perde por esperar, senhora minha patroa, roubarei de você toda a sua família, tudo o que lhe pertence será meu! Ficará sem eles e morrerá sozinha e doente como tanto gosta de ser! — pronunciava a ameaça como se estivesse falando diretamente com a odiada mulher. — Você também me pagará muito caro, Richard! Como pôde abraçá-la, fingir amá-la depois de ser meu?

Um misto de ódio e tristeza dominava a mente de Anita naquela manhã e precisou controlar o grande impulso de ir até o quarto novamente, olhar nos olhos da patroa e gritar bem alto:

"Richard é meu! Ele me ama e estamos juntos desde que a senhora resolveu fugir da vida!"

Foi necessário dominar-se, pois coragem para tal não lhe faltava. Não obstante, precisava ter muito tato diante da situação, pois, do contrário, colocaria tudo a perder e assim afastaria o homem amado de seus braços. Abriu a janela de seu quarto para tomar um pouco de ar e colocar seus pensamentos em ordem. Precisaria de muita cautela dali por diante. Em vez de mostrar a sua fúria, se mostraria frágil e magoada com a humilhação de Rosana e, dessa forma, faria com que ele se sentisse culpado. Animada com a ideia de se fazer de vítima, ela deixou o quarto para colocar em ação seu plano de vingança. Apressaria seus passos para encontrá-los antes de saírem de casa. Richard teria de vê-la com a expressão mais triste do mundo. Todavia, chegou atrasada, porque as meninas haviam partido.

Quando retornava para seu quarto, deparou com Rosana observando-a do alto da escada. Um tanto sem jeito, tentou disfarçar e desviou o olhar. Caminhou na direção das dependências dos empregados, entretanto foi detida por Rosana.

— Por favor, espere Anita, preciso falar-lhe! — engolindo em seco a péssima impressão que tinha dela, tentou se desculpar, pelo bem de suas filhas. — Eu gostaria de pedir-lhe desculpas pela maneira como falei com você no quarto das meninas. Fui um tanto rude. Então, por gentileza, desculpe-me!

A vontade da jovem era de pular no pescoço dela, estrangulando-a ali mesmo. Porém se conteve. A atitude da patroa de certa forma facilitaria o que pretendia fazer dali por diante. Então, com um jeito meigo, respondeu:

— Não precisa desculpar-se! Entendo-a perfeitamente. Depois de tanto tempo afastada de Fernanda e Aninha, imagino que eu tenha lhe provocado certo ciúme, mas saiba que não foi minha intenção.

— Esqueçamos tudo e tenha um ótimo dia! — afirmou Rosana retirando-se em seguida.

Anita ficou parada ao pé da escada observando-a se afastar. Logo após, sorriu irônica pensando: "Terei um ótimo dia, sim, e se Deus quiser nos braços do seu marido!"

O que havia acontecido na mansão, entre as rivais, deixara o advogado um tanto preocupado. Não sabia nem ao menos o que pensar de tudo aquilo. Pasmou-se ao perceber o modo como elas se odiavam. Rosana não sabia sobre a infidelidade do marido e mesmo assim antipatizou instantaneamente com a empregada. Temia que Anita tomasse alguma atitude impensada, pois assim o seu casamento ficaria insustentável. Não sabia o que fazer. Estava perdido, sem vislumbrar um rumo seguro. Evitou encontrar-se com Anita nos dias que se seguiram, apesar de sentir falta dela. Era necessário, porque precisava preservar a família e contornar aquela difícil situação.

Richard trabalhava até mais tarde e só retornava para casa depois de se certificar de que a amante estava na escola. Saía mais cedo todas as manhãs, com a desculpa de ter muito trabalho acumulado, e assim foi agindo nos dias que se seguiram. Uma semana havia se passado. Na oitava manhã, Richard saía apressado e não esperava que ela o aguardasse na garagem. Um tanto agitada, aproximou-se dele tencionando encontrar explicações para sua prolongada ausência, que mais lhe parecia uma fuga. Apesar de alegrar-se por vê-la novamente, já que sentia saudades, Richard não demonstrou emoção, cumprimentando-a secamente.

— Bom dia! Estou com muita pressa e sem tempo de falar com você agora!

— Por que foge de mim? Sinto-me perdida com sua indiferença — comentava com um tom triste na voz, deixando-o desconcertado. — Prometo que não vou comprometê-lo, quero apenas que marque um local para podermos conversar com mais liberdade.

O desejo de não esticar a conversa contrariava a vontade de estar junto dela por apenas alguns momentos. Revê-la fê-lo balançar, por isso concordou com o encontro no mesmo local de sempre. Temia que fossem surpreendidos naquele momento por alguém da mansão, complicando ainda mais a delicada questão. Encerrou logo o assunto marcando a hora do encontro e partiu para o trabalho.

Anita, que até então vinha dando importância apenas para os sentimentos, embora fosse bastante ambiciosa, começou a perceber as vantagens de estar com ele, mesmo sendo como uma simples amante. Queria, antes de tudo, garantir um futuro melhor. Para isso, agiria com muita sutileza, antes que ele tentasse se livrar dela. Lutaria por seu amor, porém não descartaria a possibilidade de ser colocada de escanteio. Sabia que para Richard era fácil ter um caso amoroso com quem quisesse e, como a escolhida era ela, aproveitaria a oportunidade que a vida estava lhe dando. Só via uma maneira de prendê-lo para sempre: ter um filho dele, pensava. Um filho dele seria como ganhar na loteria!

Então, aproveitando que ele ainda a desejava, faria de tudo para ter essa criança. Deixaria de ser apenas amante para ser a mãe de um filho dele, um Pamplona, como Fernanda e Aninha. Bastava apenas e tão somente não tomar mais nenhum cuidado para evitar a gravidez, para receber em seu ventre um herdeiro do doutor Richard.

Com a desculpa de visitar a mãe doente, ela conseguiu dispensa daquele dia de trabalho. Para Rosana foi ótimo a ausência da babá por um dia. Antes mesmo do meio-dia, Anita deixou a mansão, dirigindo-se ao local do encontro, decidida a engravidar do rico amante.

O apartamento era imenso; ela observava-o atentamente: dois quartos, mais duas suítes, uma sala com dois ambientes, cozinha ampla e totalmente equipada, um banheiro próximo à sala, mais um *toilette* no *hall* de entrada, uma espaçosa sacada, além das dependências de empregada. Tudo decorado com muito bom gosto. Ateve-se em algumas obras de arte, e se tratando de um renomado advogado, deveriam ser todas de grande valor. Prestava atenção em cada detalhe com um brilho diferente no olhar, imaginando que poderia, quem sabe, ser ainda a proprietária de tudo aquilo.

Preparou a banheira de hidromassagem e nela ficou por mais de uma hora imaginando-se morando definitivamente naquele local, sendo mantida financeiramente por Richard, o pai de seu filho.

Na hora marcada, ele chegou cheio de saudades e sedento de vontades. Vendo-a ainda mais bela e fascinante que antes, entregou-se aos seus apelos sexuais, esquecendo-se da importância que tinha aquela conversa combinada no início daquele dia. Nem imaginava o plano ardiloso que Anita preparava. O tempo passou e os dois permaneceram envolvidos no leito, entregues aos prazeres que compartilhavam intensamente. Ela, de certa forma, ficou satisfeita por notar que acertara em apostar no interesse dele. Anita, envolvente, se antecipou dirigindo-lhe a palavra.

— Estávamos com tanta saudade um do outro que nem nos lembramos de conversar. Porém, quero lhe dizer que nada farei para atrapalhar seu casamento, desde que continuemos nos encontrando aqui. Não quero perdê-lo! — falava com voz melosa enquanto acariciava o rosto do amado, disfarçando suas reais intenções.

— Que alegria a minha por saber que você entendeu minha posição perante a família. Também não desejo ficar sem tê-la ao meu lado. Sinto-me muito bem na sua companhia!

Mais aliviado, tomou-a em seus braços beijando-a com profunda paixão.

— Agora precisamos voltar para casa, deixarei você bem próximo da mansão, pode ser?

— Acho melhor eu voltar com um táxi. Falei para sua esposa que iria visitar minha mãe doente.

— Sendo assim, por que não fica aqui esta noite, retornando somente pela manhã?

— Não se incomoda se eu dormir aqui?

— Claro que não, minha bonequinha linda! Fique à vontade. Este lugar é o nosso ninho de amor.

— Ficarei, então — respondeu com um sorriso manhoso.

A vida transcorria numa aparente paz na mansão dos Pamplonas. Rosana se esforçava para se manter equilibrada, apesar de continuar com a medicação controlada e sob a orientação do psiquiatra que a liberara para a planejada viagem, aproveitando as férias das meninas, acompanhada de sua irmã Raquel.

Com as passagens compradas e as bagagens arrumadas, aguardavam a chegada de Richard, que as levaria ao aeroporto com destino ao Rio de Janeiro. Seriam dez dias de viagem, planejavam se divertir bastante, embora ele não pudesse acompanhá-las. Rosana estava animadíssima, nem parecia que sofria de transtorno depressivo. O semblante aparentava tranquilidade, e ela, confiança em si mesma e na vida, o que deixava todos ainda mais animados com o seu novo e crescente entusiasmo.

Richard despediu-se da família no aeroporto, fazendo recomendações expressas às meninas para que se divertissem com responsabilidade e obediência tanto à mãe quanto à tia Raquel. Voltou para a mansão com a alma leve por proporcionar aquela viagem que viera em boa hora. Além de viver um bom período familiar, também atravessava ótimo momento ao lado de sua namorada secreta. No caminho, resolveu mudar seu rumo, indo direto para o apartamento. Ligou para a amante avisando-a para encontrá-lo lá. Passaram a noite juntos e quase todas as outras, enquanto Rosana estava fora da cidade. Richard se deu conta de como tinha sido feliz naqueles dias com Anita, e estava ficando cada dia mais envolvido. Todavia, com a chegada da família, seria imperioso que tudo voltasse a ser como antes. Mesmo a contragosto encontraria Anita com menos frequência. Ela fingia entender a situação, para seu alívio.

Dez dias depois, as três voltaram de viagem. As filhas estavam repletas de saudades e cheias de novidades. Rosana deixava transparecer certa frieza no olhar.

Manteve-se calada e distante o tempo todo. Richard preferiu nada perguntar, pelo menos não na presença das crianças. Depois das novidades, narradas com alegria, recolheram-se para um descanso, acompanhadas da babá.

Rosana, ao vê-la, pela primeira vez colocou em suas palavras todo o rigor possível.

— Senhorita, depois de acomodar as meninas, procure-me aqui na biblioteca, preciso falar-lhe!

— Sim, senhora! — respondeu ela, sem se importar com a aspereza na voz da rival.

Voltando-se para o marido manteve a mesma indiferença e convidou-o a acompanhá-la até a biblioteca. Chegando lá, ela não parecia feliz ao revê-lo; pelo contrário, até fugiu do carinho que ele tentou fazer-lhe.

— Rick, como você já sabe, eu queria muito fazer essa viagem com as meninas. Aproveitamos muito, até um determinado dia. Porém, algo muito intrigante aconteceu mudando a beleza de tudo, fazendo-me ficar desconfiada, mas procurei pensar em nossa vida e especialmente na minha — falava sem encará-lo. — Quando desembarcamos aqui em São Paulo, tomei uma importante decisão: nosso casamento está acabado, por isso desejo me divorciar de você. Acredito que será melhor para todos! Estou cansada e indisposta para entrar em maiores detalhes. Espero que você acate a minha decisão. Além disso, Anita não trabalhará mais nesta casa!

— Mas por quê? Explique-me o que está havendo? — ele nem sabia o que argumentar sobre a questão, pois

Rosana pegara-o de surpresa e, sem ter ideia real dos fatos, só poderia perguntar o porquê daquilo.

Rosana respondeu secamente:

— Prefiro não falar dos motivos agora. Deixemos para outra hora. Posso somente adiantar que algumas das causas que me levaram a tomar a decisão são cumulativas. Vivi à sua sombra, nunca exerci minha profissão para cuidar de vocês, e hoje percebo o quanto fui idiota agindo assim! Existem outros motivos, mas não tenho vontade de expô-los por enquanto nem de incluí-los na relação dos porquês — era clara e decidida em suas palavras.

— Foi sua irmã quem colocou minhocas em sua cabeça nesses dias, não foi? Pode confirmar, ela sempre tentou fazer sua cabeça com ideias absurdas e libertinas, colocando-se sempre contra o nosso casamento.

— Não, Rick! Não foi ninguém! Por favor, não transfira responsabilidades a outra pessoa. Somos nós os responsáveis por tudo. Eu, com meu comodismo quase perpétuo, e você, com seu machismo fora de época — concluiu ironicamente.

— Machismo fora de época? — não aguentou a expressão usada por ela e caiu na gargalhada ao repetir a frase. — Você me falou de outros motivos, posso conhecê-los? Afinal, tenho direito de saber.

— Não quero falar deles, mas um fato crucial me fez tomar a decisão!

— Do que você está falando, Rosana? Explique-se!

— Por hora bastam os que já lhe falei, somente depois de falar com Anita retomaremos a nossa conversa! — encerrou o assunto acrescentando: — Deixe-me a sós, aguardo a babá, e, por gentileza, durma hoje no quarto de hóspedes.

Richard se retirou muito contrariado, mas com a sensação que algo mais sério ainda iria acontecer, e arriscava pensar que Anita estaria envolvida naquilo tudo. Não acreditava na possibilidade de a esposa saber do caso dos dois, porque sempre tomara cuidado. Seria ciúme infundado, embora ela mencionasse um fato crucial. Qual seria?

A curiosidade não o deixava relaxar. Preparou uma bebida e ficou ali mesmo na sala. Não se afastaria até que soubesse toda a verdade. Estranhava tudo aquilo, pois Rosana viajara feliz e serena e voltara tão áspera falando em divórcio, se não fosse um sinal de loucura, seria porque alguma coisa muito séria acontecera durante a viagem. Aguardaria ali o desfecho de tudo.

Anita desceu as escadas, dirigindo-se à biblioteca, e nem se importou com a presença do homem que ela adorava. Também se contorcia de curiosidade e queria saber o que a patroa tanto queria falar-lhe. Ajeitou os cabelos e seu uniforme e bateu à porta, entrando em seguida. Rosana estava sentada à mesa com uma expressão muito séria e aparentando determinação. Anita aproximou-se.

— Com licença! Esperei as meninas adormecerem para atender à sua ordem. O que a senhora deseja? — disse fingindo humildade.

— Um desejo muito simples: que você arrume tudo o que lhe pertence e saia desta casa o mais rápido possível, ou seja, você não trabalha mais para minha família! Não quero mais vê-la por aqui amanhã! Passe dentro de cinco dias para receber os seus direitos — falou com severidade e indiferença no olhar.

— Posso saber o motivo? Tenho me esforçado muito para cuidar bem das meninas. Se fiz algo que lhe desagradou, posso consertar. — Anita dizia, surpresa com o comunicado da demissão. Não pretendia perder o emprego e afastar-se de Richard.

— O que você fez de errado não tem conserto nem quero dar-lhe satisfações, apenas quero que tenha consciência de que está demitida!

— Mas preciso saber o motivo, dona Rosana — insistiu.

Nesse momento, Rosana foi tomada por uma fúria incontrolável. Levantou-se da mesa, aproximando-se da babá. Anita podia ouvir a respiração da patroa, que, em voz alta, gritava em total descontrole.

— Você é uma garota petulante, oportunista, interesseira e traidora! Ainda quer mais explicação? Darei todas: você é amante de meu marido! Entrou nesta casa para cuidar de minhas filhas e, não se contentando com o título de babá, envolveu-se com seu patrão. Dessa forma destruiu meu casamento e a minha família! — Rosana gritava com ódio. — Preciso dizer mais alguma coisa, garota? Não percebeu ainda que não suporto mais olhar para essa sua cara dissimulada? Retire-se daqui agora!

Vá arrumar suas coisas e desapareça para sempre! — finalizou secamente e, pegando a rival pelos braços, a sacudiu violentamente. — Saia daqui agora, sua ordinária! Suma de vez!

— Isso não é verdade, juro para a senhora! Quem lhe contou isso está mentindo, eu juro! — Anita já estava bastante assustada com os rumos daquela conversa.

— Não adianta dizer nada em sua defesa. Basta! Já lhe disse: saia agora, pois do contrário não responderei por mim!

— Quer saber, é verdade sim! — gritou Anita com o mesmo ódio que recebia da esposa traída. — Enquanto você se escondia da vida, seu marido curava as carências em meus braços! Ele me ama!

A conversa tomara um caminho sem volta com a confissão de Anita. Não suportando tanto insulto por ser apenas uma simples babá, deixou aflorar toda a raiva e a inveja daquela que tinha de chamar de patroa, e falou sem temer nada nem ninguém:

— É comigo que ele passa seus melhores momentos. Ele sente piedade de você! Amor mesmo, ele sente por mim que sou bem mais jovem.

— Desapareça da minha frente! — Rosana bradou sacudindo os ombros dela e jogando-a com toda a força na direção da porta.

Do lado de fora, Richard ouvia sem entender bem o que ocorria. A única certeza era que a discussão parecia séria demais. Sentiu vontade de entrar na biblioteca, contudo se controlou, respeitando a vontade da esposa, e resolveu esperar. Nesse instante, Anita saiu do recinto chorando e tremendo muito. Assustado ao vê-la naquele estado, ele segurou sua mão e quis saber o que acontecera.

— O que houve? Você está trêmula.

— Ela já sabe de tudo sobre nós e acaba de me demitir. Além disso, insultou-me bastante! — disse em lágrimas.

— E como ela soube? Você disse-lhe sobre nós? — perguntou ele surpreso.

— Claro que não disse nada! Nem sei como descobriu. Tenho de arrumar minhas coisas. O que será de mim agora? — indagou em desespero.

— Arrume tudo, chame um táxi e vá para o apartamento, você tem as chaves. Aguarde-me lá, pois tentarei descobrir e resolver as coisas por aqui! — surgiu nele preocupação por Anita e por sua família, prestes a desmoronar.

— Está bem! Vou para o apartamento, não quero voltar para a casa de meus pais. Pois, se eles souberem o que está acontecendo, me matam! — exagerava nas palavras sobre a suposta reação dos pais, perfeitamente conhecedores da índole de sua ambiciosa filha.

— Então não perca mais tempo, vá logo! Saia daqui o mais rápido que puder!

— Você tem razão, farei isso mesmo! — saiu apressadamente dirigindo-se para seu quarto.

Nos segundos que se seguiram, Richard procurou um meio de contornar aquela situação, e buscava relembrar de tudo o que havia passado para tentar saber como

Rosana descobrira o caso dos dois. Sem respostas, decidiu entrar novamente na biblioteca, necessitava reverter aquela situação. Negaria tudo até o fim. Precisava conservar seu casamento.

Rosana, debruçada na mesa, chorava compulsivamente e nem percebeu a presença dele. Richard permaneceu parado à sua frente esperando o instante certo para falar. Quando ela o viu, num impulso se atirou sobre ele esbofeteando-o com muito ódio, enquanto lhe dizia com extrema amargura:

— Seu canalha, você não me merece! Raquel sempre teve razão, você não vale nada! Como pôde fazer isso comigo? Dentro da minha própria casa, bem debaixo do meu nariz... Não respeitou nada, nem mesmo nossas filhas! Canalha! — gritava sem controle. — Quero que você também saia daqui, desta casa e de nossa vida! Aproveite e vá embora com sua amante!

— Mas do que você me acusa? Isso é loucura! Acalme-se, por favor, vamos conversar e esclarecer tudo. Por que diz que Anita é minha amante quando na verdade quem eu amo é você? — tentava se controlar diante dela.

— Mentiroso! Canalha, mil vezes canalha! Anita é sua amante! Já sei a verdade, não finja mais! Ela acabou de confirmar tudo. Pare de mentir e assuma!

— Nunca assumirei uma mentira.

— Chega, Rick! Não vê que assim me magoa ainda mais? Sei de tudo, tenho provas do romance de vocês. Não perca seu tempo tentando me enrolar mais. Quero o divórcio e que deixe esta casa o quanto antes!

— Mas que provas você tem? Só pode ser obra de alguém que me odeia, uma armação para nos prejudicar. Eu repito: não tenho nada com aquela garota!

— As provas estão com Raquel! Ela tem uma filmagem de vocês dois na cama — revelou em soluços. — Viajamos sem que eu soubesse de nada. Sonhei com uma mulher desconhecida que aparecia diante de mim preocupada e me dizia: "Você merece um homem melhor em sua vida. Seu marido tem uma amante que mora em sua casa!". — Após um longo suspiro, Rosana continuou: — Na hora fiquei irritada, mas, quando acordei, uma dúvida cruel se instalou em mim.

— Isso é loucura! — argumentou o marido.

— Ainda não acabei... Raquel me contou que, em certa ocasião, quando passava pelo bairro vizinho, viu Anita entrando no mesmo endereço onde fica o nosso apartamento. Curiosa como sempre foi, parou o carro e foi perguntar para o porteiro se conhecia a garota que acabara de entrar, e ele respondeu que não conhecia, mas que sempre a via entrando no mesmo horário. Não foi difícil deduzir que se tratava de um caso de amor entre vocês, e, para provar sua dedução, contratou um detetive que passou a observar o movimento no local. Raquel ainda foi além, alugou um apartamento em frente ao nosso e de lá conseguiu filmar seus encontros. E as cenas a que assisti eram claras como a água: os dois se amando.

Ao terminar de relatar tudo a Richard, já estava mais controlada e finalmente comentou com triste convicção:

— Não há argumentos contra evidências tão reais quanto as que eu vi, e, por fim, sua amante acabou de me confirmar o caso amoroso. Diante de tudo, não posso tomar outra decisão que não seja o divórcio — encerrou deixando o local, mas antes de sair acrescentou: — Não há nenhuma possibilidade de voltar atrás. Por favor, aceite-a! E se você quiser ver a gravação das cenas de amor com a babá, elas estão com minha irmã.

— Como ficarão nossas filhas? — perguntou antes que ela fechasse a porta ao sair.

— Não se preocupe, porque elas serão preservadas de tamanha sujeira. Direi apenas que Anita pediu demissão para cuidar da mãe doente. Quanto ao nosso casamento, saberão que acabou como muitos outros.

Richard calou-se. Não queria acreditar no que ouvira, mas, sim, argumentar, convencê-la do contrário, mas não tinha como se defender. Diante das provas que Rosana mencionara, nada mais poderia ser feito. A cabeça girava, e ele não conseguia assimilar os últimos acontecimentos. O desprezo por Raquel aumentou em razão da desmedida invasão na vida privada do casal, que interferia tanto nos rumos da vida de cada envolvido. Tentava organizar os pensamentos, precisava acalmar-se para depois decidir o que faria. Só uma certeza: tinha de assistir à tal gravação. Desejou sair dali, andar um pouco, circular pelas ruas, só assim iria se acalmar. Lembrou que Anita estava arrumando suas coisas para ir embora da mansão. Havia permitido que ficasse em seu apartamento, porém seria somente por uns dias.

Encontraria outra ocupação para ela. Usaria seus contatos, pois não planejava assumir um envolvimento sério com ela. Queria, sim, refazer seu casamento. Antes, porém, deixaria a esposa digerir tudo e, quem sabe, num futuro próximo, conseguiria reconquistar seu amor.

    Conforme seus pensamentos se ordenavam, dirigia sem rumo pelas alamedas do bairro. Richard compreendeu a loucura que fizera envolvendo-se com aquela garota. Havia levado quase toda a vida se preparando com tanta dedicação, escolhera a mulher ideal para formar uma família e, por causa de um caso amoroso sem muita importância, estava pela primeira vez experimentando um doloroso arrependimento. Deveria ter se controlado mais, se colocado no lugar de patrão e nada mais. Mas diante da beleza sedutora daquela jovem adquiriu inúmeros problemas para sua vida. Anita retratava a sua fraqueza, representava uma derrota, e era o que ele enxergava, agora, mais calmo. Sempre fora tão forte, tão decidido, causando inveja a muitos que acompanhavam de perto sua vida e carreira. O renomado advogado se deixou levar a ponto de ser descoberto de uma forma tão absurda. Tudo isso por não conseguir se livrar dos encantos femininos daquela que deveria ser apenas a acompanhante das crianças. Era inacreditável para ele viver aquele drama que mais parecia um capítulo de uma novela de televisão. Circulou sem se dar conta de que as horas passavam depressa demais. O relógio marcava dez horas da noite quando resolveu ir até a casa da cunhada. Temia um confronto direto, mas precisava ver com os próprios olhos a armadilha preparada para ele.

Raquel o recebeu com extrema frieza. Ele explicou o que acontecera e o motivo de estar naquela hora em sua casa. A cunhada o conduziu até o escritório da residência e, sem lhe dizer uma só palavra, colocou o DVD no aparelho deixando-o sozinho. Mas antes de sair, disse:

— Essa cópia é sua! Veja em casa, na companhia dela. Divirtam-se, é um presente meu. Espero por você na sala.

Ele nada respondeu e, quando se viu a sós, assistiu envergonhado a um de seus encontros com Anita. Realmente não tinha como negar, estava tudo claro demais. Imaginou o que Rosana sentira ao ver aquelas cenas. Compreendia agora sua revolta odiosa. Voltou cabisbaixo, sem vontade de dizer uma palavra sequer em sua defesa. Preferiu desculpar-se pelo incômodo causado. Mas não se conteve perante a cunhada.

— Sei que o que fiz não tem perdão, mas por que você mostrou aquela gravação para Rosana? Você sempre teve ciúmes de sua irmã, por ela ter se dado bem no casamento e você não. Poderia tê-la poupado disso, em consideração à depressão que ela enfrenta.

— Como pode me acusar de algo? Dizer que não sou feliz em meu casamento? Sou a irmã da sua mulher e me incomoda ver como ela se faz de cega diante da verdade. Anita não é a primeira com quem se envolveu e, para ser sincera, foi melhor assim! Rosana abriu os olhos da cegueira quase eterna a seu respeito, e tenho certeza de que daqui por diante não terá mais crises, pois a causa do mal que a acomete é você, Richard.

— Acuso, sim! Acuso a sua inveja! Seu marido prefere morrer de trabalhar em plantões nos hospitais a ficar por muito tempo ao seu lado, aturando sua arrogância! Ora, você é uma mulher desagradável, pensa que é dona da verdade e sente prazer em colocar o próprio companheiro rente ao chão quando existe uma plateia para assistir às suas grosserias. Você é cruel com aquele pobre homem, como também acabou de ser com Rosana e com as meninas. Não parou nem um segundo para pensar nas consequências da sua atitude egoísta — ele colocava em cada palavra o desprezo velado para com ela. — Parabéns! Você conseguiu provar a tese de que eu não valho nada, espero que esteja feliz por todo o mal que provocou para a minha família!

— Estou muito feliz em vê-la livre de você! Agora se retire daqui!

— Com todo prazer! É desesperador respirar o mesmo ar que a rodeia! — afirmou antes de se retirar. — Espero que nunca precise de mim na vida, pois se encontrá-la um dia no chão passarei por cima, sem nenhuma piedade.

Ele não podia voltar para casa e tampouco queria ir para o apartamento onde estava Anita. Deixaria para resolver a situação com a amante no dia seguinte. Dirigiu sem ter rumo certo. Ficar sozinho para poder pensar era tudo o que precisava naquela noite. Um estranho sentimento o invadiu: era um homem poderoso que não tinha para onde ir.

Nesse ínterim, Anita já estava com as malas prontas e deveria deixar a mansão. Ligou para vários taxistas, mas não conseguiu contato com nenhum. Assim, resolveu ir andando antes que fosse novamente humilhada por Rosana. A cerca de duas quadras da mansão havia um ponto de táxi; ali esperaria a chegada de qualquer um, e seguiria para o novo endereço e a nova vida planejada. Suspeitava que já estivesse grávida, para o sucesso de seu plano. Não havia procurado ainda um médico para confirmar, mas o faria brevemente, e, se o resultado fosse positivo, com certeza se sentiria a mulher mais feliz e mais sortuda do universo. Além de ter Richard ao seu lado, ainda lhe daria um filho. Atravessou os portões da mansão com esses pensamentos, nem olhou para trás e muito menos sentiu remorso algum pelo estrago que causara na vida de várias pessoas.

Capítulo 4

O sequestro de Anita

Os portões da mansão fecharam-se depois de a babá atravessá-los, e seria para sempre. Lembrou-se de Fernanda e de Aninha, porque, apesar de tudo, sentia um grande carinho por elas. Pensou com certa resignação: "Daqui por diante estarei com Richard e poderei vê-las quando elas forem visitá-lo. Uma nova vida começa para mim, e elas não mais me verão como 'uma simples babá', mas como a nova esposa do pai..."

Na mente daquela jovem existia uma firme crença de que o desfecho da história seria a união definitiva com o amante, já que não tinha sido ela quem revelara o romance para Rosana. Não sabia como o caso tinha vindo à tona nem se preocupava com isso. O fato era que o surgimento da verdade ajudara muito para a nova etapa de sua vida. Um dia entrou naquela casa para trabalhar como babá e agora a deixava para ir morar com o patrão em um lindo apartamento e, quem sabe, com um filho dele no ventre...

Respirou fundo e seguiu em frente. Caminhava pensativa em direção ao ponto de táxi, bastante ansiosa, pois o homem amado já não estava mais na mansão. Ouviu quando o automóvel dele saiu com muita pressa; certamente teria ido para o apartamento também. Na certa, estaria esperando-a... Precisava sair logo dali. Eram tantos pensamentos que rondavam a mente de Anita, enquanto caminhava pelas alamedas do bairro nobre!

Avançara uns duzentos metros, quando percebeu a luz dos faróis de um automóvel vindo vagarosamente em sua direção. Por um segundo achou que poderia ser o seu amado vindo buscá-la. Alegrou-se de imediato, mas a impressão foi ligeira: não se tratava de quem achava. O automóvel era outro, preto, os vidros escuros e fechados impossibilitavam a visualização do seu interior em razão da luz dos faróis. Gelou quando fez menção de parar diante dela. Uma sensação nada agradável fez com que sentisse um repentino enjoo seguido de intenso mal-estar. Apressou os passos. Arrependeu-se por não ter tido mais cuidado ao sair da mansão. Decidiu ligar para Richard de seu celular. Várias tentativas, mas só ouviu a mensagem eletrônica encaminhado a ligação para a caixa postal. Evitando causar-lhe preocupações, decidiu não deixar nenhum recado.

O automóvel suspeito desaparecera, então tratou de se apressar ainda mais, porque duas quadras à frente, se tivesse sorte, encontraria um táxi parado no ponto.

"Se pelo menos tivesse anotado o número do telefone do ponto de táxi. Quando fiz as ligações usando a linha da mansão, não tomei o cuidado de registrá-lo", pensava ela nervosa enquanto procurava nas últimas chamadas que fizera.

As ruas estavam insuportavelmente vazias, o que era comum naquele bairro de classe alta. Quase ninguém se aventurava a andar pelas ruas àquela hora. Entretanto, na referida noite, nem mesmo um único automóvel circulava por ali. A impressão era de estar atravessando uma cidade fantasma.

Mais uns metros adiante, Anita viu novamente o veículo suspeito. Um repentino temor começou a se apossar dela.

Tentando não demonstrar o que sentia, seguiu na esperança de despistá-los. Por isso, tentou entrar em uma das mansões do local. Apertou o botão do interfone para dar a impressão de que chegava a seu destino, e daria qualquer desculpa a quem atendesse. Tudo o que importava era sair daquela situação aterrorizante. Ainda parada diante do imenso portão, viu quando o automóvel freou de repente e desceram dois homens. Eles seguiram rapidamente na direção da jovem assustada. Um dos estranhos portava uma arma. Anita, quase em pânico, tentou correr, mas foi agarrada por um deles. Totalmente imobilizada, foi arrastada e jogada com violência no porta-malas. Desesperada, debatia-se muito com o intuito de se livrar dos desconhecidos, mas recebeu uma pancada na cabeça e tudo escureceu à sua frente. O carro saiu cantando os pneus, deixando para trás a mala de roupas que a vítima carregava. Era o começo do fim.

Algum tempo se passou enquanto ela ficou inconsciente, mas Anita não sabia precisar quanto. A cabeça girava quando abriu os olhos. Estava confusa e não reconhecia o lugar. Era um cômodo muito pequeno, praticamente a metade do quarto que ocupava na mansão. Tinha um aspecto de abandono, sem nenhum móvel, com apenas um colchão jogado no chão sem travesseiros nem roupas de cama. O forte cheiro de mofo a fez sentir náuseas. Levantou-se, queria procurar alguém para saber por que a levaram para aquele lugar desconhecido. De pé, sentiu uma forte dor na cabeça seguida de uma tontura alucinante, que a derrubou de imediato sobre o colchão. Esfregou a mão direita no local que latejava, logo atrás da orelha direita, e constatou a presença de um ferimento que ainda sangrava. A lembrança do momento que levara a pancada retornou à sua mente.

— Aqueles homens me atacaram! — falou para si. — Eles me trouxeram para este lugar, só pode ser, por isso não reconheço nada. Mas o que querem de mim? Preciso avisar Richard! — olhou à sua volta procurando seus pertences e nada encontrou.

Ainda muito perturbada não conseguiu perceber que estava encarcerada, vítima de um sequestro. Quis levantar-se novamente, contudo não teve êxito. Procurou acalmar-se na tentativa de ouvir qualquer barulho ou quem sabe vozes de pessoas que pudessem ajudá-la naquele momento. Nada ouvia, e o silêncio era angustiante, quebrado às vezes pelo longínquo canto de pássaros. A janela estava muito bem trancada, pregada, na parte externa, com vários pedaços de madeira. Uma pequena fresta ao lado da janela era o único contato com o mundo exterior, mas sentia-se bastante fraca para chegar até ela. Temendo sentir novamente aquele mal-estar, preferiu aguardar até recobrar as forças para tentar sair dali. As horas passaram sem sinal de vida por perto. O cansaço minou o esforço que fazia para se manter acordada, assim adormeceu no solitário e silencioso quartinho.

Quando Richard chegou ao apartamento era madrugada e não encontrou Anita. Exausto, não quis perder tempo com mais uma preocupação, por isso atirou-se na cama e caiu em um sono profundo. Acordou tarde na manhã seguinte, caminhou até a cozinha para tomar um copo de água e só depois procurou por Anita. Não encontrou sinal dela e, por isso, preocupou-se com a sua ausência. Havia recomendado que fosse para o apartamento e não fazia ideia de outro local para onde pudesse ter ido. Lembrou-se de que ela dissera que não voltaria para a casa dos pais, então concluiu:

— Ela deve ter passado a noite na casa de alguma amiga. Talvez com vergonha dos últimos acontecimentos na mansão. Esperarei um pouco mais, ela deve entrar em contato comigo a qualquer momento.

Considerando tais possibilidades, foi tomar uma longa ducha antes que Anita chegasse. Precisariam conversar muito. Ele deixaria bem claro que não tinha intenção de assumir compromisso com ela, mas, sim, de refazer seu casamento.

Passaram-se mais de quatro horas de espera e expectativa. A todo momento, Richard caminhava até a sacada procurando vê-la entrar no prédio. A demora aumentava sua angústia. Então, resolveu ligar para ela e irritou-se ao constatar que o celular estava desligado. Alguma coisa estava acontecendo, pois ela já deveria ter dado algum sinal. Refletiu um pouco e, num impulso, apanhou o telefone decidido a ligar para a mansão. Poderia ter ocorrido algo depois de sua saída na noite anterior, talvez algo a tivesse retido no Morumbi. Falaria com dona Helena para tentar descobrir o paradeiro da linda amante.

Reconheceu a voz da governanta:

— Dona Helena, é Richard quem fala — identificou-se.

— Sim, doutor, em que posso ser útil? Deseja falar com sua esposa?

— É com a senhora mesmo que desejo falar! Quero apenas tirar uma dúvida: por acaso a senhorita Anita se encontra na mansão neste momento? — procurou ser o mais formal possível.

— Não, senhor! Ela saiu daqui ontem por volta das dez horas da noite, disse-me que tinha sido demitida. Arrumou todos os seus pertences e partiu a pé até um ponto de táxi. Mas, honestamente, doutor, estou muito preocupada com aquela menina e acho que algo grave lhe aconteceu! — informou ao patrão, não querendo parecer intrometida demais.

Ele gelou ao ouvir o comentário da governanta. Um mau pressentimento rondou sua mente, embora se mantivesse calmo ao pedir mais esclarecimentos.

— O que a senhora acha que aconteceu com ela? Por favor, explique com calma...

— Bem, não sei ao certo se aconteceu alguma coisa com Anita, mas a mala com as roupas dela foi encontrada no portão de entrada da mansão dos Albuquerque e Lima, não lhe parece estranho, senhor? Tentei várias vezes ligar para ela, na tentativa de me certificar se estava tudo bem, mas o celular permanece desligado o tempo todo.

Richard lembrou-se de que também tentara ligar, em vão. E, ainda mais perturbado, deu continuidade à conversa:

— Muito estranho! Mas quem encontrou a mala? E como sabem que pertence à babá?

— Foi Germano, o jardineiro. Ele estava vindo para o trabalho quando viu a mala jogada do lado de fora da mansão. Então, imaginou que pertencia a alguém daquela residência, por isso, tentou entregá-la. No entanto, quando o atenderam, a mala não foi reconhecida por ninguém. Trouxe a bagagem consigo e, então, quando verificávamos juntos, reconheci muitas peças do vestuário como sendo de Anita. Temos certeza de que pertence a Anita, mas dela propriamente, nada sabemos! Liguei para os pais dela também, sem preocupá-los, é claro, e, segundo a mãe, eles não a veem há semanas.

Richard, nesse momento, sentiu um aperto no peito, impossibilitando-o de respirar por alguns segundos. Dona Helena tinha razão: algo muito grave acontecera. "Mas o que seria?", pensou ele.

Voltando a conversar com a governanta, ele recomendou:

— Dona Helena, faça-me um favor, se tiverem alguma notícia, avise-me imediatamente, pois, caso contrário, precisaremos ir à polícia registrar o desaparecimento. Tentarei descobrir o que aconteceu. Até mais!

— Até, doutor! Farei como me recomendou. Outra coisa, doutor: dona Rosana está novamente trancada em seu quarto desde ontem e não atende ninguém. Temo os antigos sintomas.

— Irei hoje mesmo até a mansão para vê-la e, se não tivermos notícias de Anita, avisaremos as autoridades! Precisarei da sua ajuda e da ajuda do jardineiro! Por hora é só isso!

Um turbilhão de perguntas passeava pela cabeça dele. Não sabia o que fazer nem por onde começar. Sentia-se responsável pelos últimos acontecimentos, e, para piorar, havia o problema da esposa, que parecia estar mais uma vez em crise.

Recordou-se de alguns amigos de faculdade que hoje eram delegados de polícia. Na antiga agenda telefônica estavam registrados alguns contatos, que havia muito não utilizava. Torceu bastante para que não tivessem trocado seus números de telefone.

Uma busca sem-fim foi iniciada, cujo único desejo era descobrir o que acontecera com Anita. Um dos amigos da sua lista, Paulão, orientou-o sobre as medidas que poderia tomar: procurar em hospitais, em clínicas, em delegacias e, por fim, no Instituto Médico Legal. Se ela não fosse encontrada em nenhum desses lugares, deveria esperar algum contato de um possível sequestro. E, somente após completar as primeiras vinte e quatro horas do desaparecimento, poderia acionar a polícia.

Obedecendo às orientações do amigo, empreendeu uma via-sacra à procura de Anita. Em cada local ansiava por encontrá-la, menos no Instituto Médico Legal, onde ficam corpos à espera de reconhecimento. Sem sucesso em sua busca, a ansiedade só aumentava. Entre um e outro local, tentava manter contato com a governanta e com a própria desaparecida, mas tudo em vão: nenhuma notícia, e o celular de Anita continuava desligado.

Era noite quando chegou à mansão. Dona Helena e o jardineiro Germano o aguardavam. Rosana continuava em seu quarto e não quis atendê-lo. As meninas estavam assustadas com tantas mudanças repentinas, e ele procurou acalmá-las com palavras de carinho. Fernanda, já mais atenta a tudo, perguntou curiosa e preocupada:

— Papai, diga a verdade: o que está havendo? Por que Anita foi embora e mamãe adoeceu de novo? Estava tudo bem na viagem, e foi só chegarmos a São Paulo que tudo mudou.

— Ainda não sei direito, minha filha. Parece-me que Anita foi cuidar da mãe dela, que está muito doente, e Rosana, pelo que vejo, entrou em crise outra vez. Mas não se preocupe com nada disso, tudo voltará ao normal! — ele acariciava o rosto da filha tentando confortá-la diante de tantos problemas. Fernanda ainda era muito criança para tantas aflições. — Gostaria que você e Aninha tivessem um pouco de paciência e me ajudassem, cuidando uma da outra por enquanto, até que tudo isso seja resolvido!

— Pode deixar, papai, eu cuidarei de Aninha! Mas e eu, como ficarei?

— Eu e dona Helena faremos o máximo para que vocês fiquem protegidas, logo tudo voltará a ser como antes, eu juro a vocês!

— Acreditamos em você! — respondeu a filha, enquanto Ana se distraía assistindo à televisão.

— Estarei lá na cozinha com dona Helena e daqui a pouco retornarei para vê-las! — falou e saiu apressado para tentar resolver outras pendências.

Sua vida tinha virado de cabeça para baixo. Culpava-se o tempo todo, pensando que poderia ter evitado tudo aquilo se não tivesse se envolvido com a babá. Agora se via em um beco sem saída. Olhou para o relógio, faltava um pouco mais de três horas para findar o prazo de espera e acionar os órgãos competentes. Entrou na cozinha, onde os dois funcionários, Helena e o jardineiro, conversavam sobre a situação. Pediu a Helena um café bem forte e, em silêncio, aguardou as horas que faltavam para solicitar ajuda policial.

A governanta tentava a todo momento entrar em contato com Anita pelo telefone.

Quando findou o prazo, Richard ligou novamente para Paulão, o amigo que o orientara naquela tarde. Explicou para ele tudo o que ocorrera nos lugares indicados. Confessou a impossibilidade de ir até uma delegacia por não ter com quem deixar suas filhas naquela situação. Por essa razão, pediu-lhe que o ajudasse a registrar o desaparecimento.

Anita continuava sozinha naquele cômodo apertado. A escuridão era quebrada por uma tênue luz que atravessava a fresta da janela. Por horas se manteve sem condições de se levantar. De repente, ouviu vozes masculinas e uma porta se abrindo.

— O que nós vamos fazer agora? Pegamos a pessoa errada. Já confirmei tudo! Ela não passa de uma coitada, é a babá de uma das mansões daquele bairro nobre! Quem pagará algum centavo por essa infeliz?

— Vamos tirar proveito disso, é claro! — respondeu o outro.

A conversa podia ser ouvida, e ela descobriu que havia sido sequestrada. Tremendamente assustada, começou a chorar. Os soluços da jovem foram ouvidos pelos sequestradores. Um deles entrou no cativeiro com uma lanterna e apontou na direção do rosto da prisioneira.

— Pare com esse choro, moça, senão vou ficar nervoso e machucar muito você!

— Deixe-me ir embora, por favor, não tenho dinheiro para dar a vocês! — suplicava sem ver o bandido. — Não direi nada a ninguém! Por favor, me liberte daqui!

— Cale a boca, já falei! — respondeu o homem grosseiramente.

— Meu namorado é muito rico, prometo dar muito dinheiro se vocês me libertarem — intentava alucinadamente convencê-los a deixá-la ir embora.

— Que namorado rico é esse? Você está mentindo, sua pobretona.

— Não é mentira, juro!

— Cale-se! — gritou o homem enquanto saía.

Ela ouviu os dois conversando, embora não conseguisse entender o que diziam. Minutos depois, retornaram juntos.

— Que história é essa de namorado rico? — o outro criminoso ficara curioso com a revelação.

— Meu namorado é um advogado muito conceituado, Richard Pamplona, eu estava saindo da casa dele quando me trouxeram para cá! — disse ela muito assustada e torcendo para que acreditassem no que dizia. — Se vocês me libertarem, juro que ele vai dar uma boa quantia para os dois.

Eles se entreolharam mostrando nítido interesse naquilo que ouviam, mas em seguida um deles fez um sinal e saíram deixando-a novamente na escuridão. Anita sentou-se no colchão sem sentir a tontura de antes. Ouviu o barulho de um veículo se afastando e novamente fez-se um silêncio ainda mais assustador em meio à noite longa e vazia. Hora propícia para rever muitas coisas em sua vida. Pensou em Richard, em tudo o que sonhara desde seu envolvimento amoroso, pensou também nas meninas e no casamento dele, agora destruído, e, por fim, pensou em sua própria família, na simplicidade de seus pais e irmãos, que lutavam ardorosamente pelo pão de cada dia e em como ela era diferente deles, sempre almejando uma vida mais fácil, de luxo e futilidades. Estudava para garantir um futuro melhor para si, mas com Richard viu surgir a possibilidade de garanti-lo sem fazer muito esforço. Ela pensava, pensava...

Os dois sequestradores saíram da cidade no interior paulista, onde mantinham Anita encarcerada. Iam pelo caminho planejando entrar em contato com o tal advogado para pedir um resgate bem alto. Pararam em um telefone público da cidade vizinha e viram no celular de Anita o número de Richard, que nesse exato instante ainda se encontrava na mansão, acompanhado de Helena, Germano e seu amigo Paulão.

A chamada telefônica fez o coração de Richard disparar. Todos ficaram apreensivos, e no quinto toque ele atendeu desnorteado.

— Anita, é você? — disse ele esperançoso.

Sem responder, o telefone fora desligado para criar mais expectativas, tática comum em casos de sequestro para fazer os parentes das vítimas ficarem ansiosos e apreensivos, facilitando, dessa forma, a negociação. Na segunda chamada, Richard atendeu de imediato.

— Quem está na linha? Diga, por favor.

— Estamos com ela, a sua Anita, e queremos muito dinheiro para devolvê-la viva para você! E aí, vai querer sua namoradinha de volta?

Richard estremeceu ao ver confirmado o sequestro, mas procurou manter-se calmo.

— Como posso ter certeza de que fala a verdade? Quero falar com ela!

— Amanhã voltaremos a ligar! E não coloque a polícia no meio disso! — desligaram o telefone.

O advogado permaneceu ali parado olhando para os outros, que já estavam aflitos por notícias.

— Ela foi mesmo sequestrada, acabaram de avisar.

— Qual o valor que pediram para libertá-la? — inquiriu Paulão.

— Não falaram. Exigi falar com Anita para ter certeza, mas desligaram dizendo que ligarão amanhã.

— Você fez bem, Richard, precisa confirmar mesmo! E se for um trote ou, na pior das hipóteses — olhou preocupado para ele e continuou —, e se ela estiver morta?

— Não vamos pensar no pior. Espero que esteja bem, e pagarei o que pedirem.

— Precisamos avisar a delegacia que os criminosos fizeram o primeiro contato!

— Não! Por favor, Paulão. Será mais perigoso se eles desconfiarem que a polícia já está no caso. O safado me alertou sobre deixá-la fora disso!

— Eles não saberão, meu amigo, eu garanto! O departamento antissequestro trabalha com táticas e tem muita experiência nesses casos, fique tranquilo!

Os sequestradores retornavam ao casebre quando resolveram parar num bar para combinar o valor do resgate. Entre uma bebida e outra, não chegavam a nenhum acordo. Um dos sequestradores também usava drogas. Uma séria discussão se iniciou gerando desconfiança. Depois de horas negociando o valor que pediriam, resolveram ir embora e partiram em alta velocidade. O destino era o cativeiro onde se encontrava a vítima.

Anita ouviu mais uma vez o som do automóvel se aproximando e, dessa vez, um temor fora do comum a dominou completamente. Sua intuição dizia que algo terrível lhe aconteceria.

Os passos dos bandidos foram ficando cada vez mais próximos, falavam alto, parecia que discutiam. Vozes alteradas, palavras mal articuladas, insultos e móveis sendo arrastados denunciavam que haviam bebido além da conta.

— Meu Deus, eles estão brigando! — ela se encolheu no colchão, as mãos cobrindo o rosto para esconder a expressão de horror. A violência entre eles era evidente. Um estrondo deu fim à briga.

— Foi um tiro!... Conheço esse som! — pensou desesperada.

Logo após, a porta do quarto se abriu e um deles veio em sua direção; ela não podia vê-lo no escuro, mas aquelas mãos fortes agarraram seus braços e a arrastaram dali. Anita estava em estado de choque, mas pôde ver um dos bandidos caído. "Estaria morto?", pensou. Mas, antes que tivesse certeza, foi brutalmente jogada para fora do casebre. Com violência foi atirada contra o chão... A derradeira atitude da jovem foi tentar proteger a barriga. Implorou em desespero:

— Não! Estou grávida! — naquele segundo lembrou-se de que provavelmente esperava um filho de Richard e intuitivamente tentava protegê-lo do criminoso. Levantou-se depressa e tentou correr para a mata que havia ali próximo. No entanto, antes mesmo que desse o terceiro passo, a mesma mão a agarrou lançando-a novamente ao chão.

— Sua safada, pobretona e metida a besta! Você me paga! Não vai sair daqui sem que eu ganhe alguma coisa!

Anita tentou se livrar do alucinado, mas não conseguiu. Usando de toda a força, ele a dominou e só a abandonou depois de saciar brutalmente seus instintos. Ainda não satisfeito, o perverso agressor atirou contra aquela cujo corpo desfalecido era incapaz de reação. O disparo, certeiro, causou sua imediata desencarnação.

No sexto dia após a morte, o corpo de Anita e o do sequestrador assassinado pelo parceiro foram encontrados por um morador das proximidades que passava pelo local. Ele ia com seu cachorro à costumeira pescaria, e o animal farejou os corpos, conduzindo o dono até eles.

Richard foi avisado pela polícia, antes que o acontecimento ganhasse as manchetes dos jornais paulistas:

"BABÁ DE BAIRRO NOBRE SEQUESTRADA POR ENGANO FOI ESTUPRADA E MORTA POR BANDIDOS"

A morte de Anita deixou Richard profundamente abalado. Culpava-se por aquele fim trágico, agravado pela surpreendente notícia da gravidez da babá — a qual fora mantida em segredo, graças ao pedido de seu amigo Paulão, que usou toda a sua influência com os policiais e os repórteres. Quando retornou do escritório, entregou-se inteiramente ao trabalho tentando enterrar o passado.

Capitulo 5

No outro plano

Anita levantou-se rapidamente e viu que o agressor não se encontrava mais por perto. Experimentou estranha sensação: uma leveza como nunca sentira. Subitamente, percebeu algo que lhe pareceu inacreditável: poucos metros à sua frente, viu seu corpo ainda deitado sobre a terra de chão batido com o rosto quase desfigurado. Estava seminua e com muitas marcas de violência por todo o corpo. Confusa, não entendeu nada:

"*Como posso estar em dois lugares ao mesmo tempo?*", pensou consigo. "*Deve ser um equívoco, uma ilusão de ótica causada pelo sofrimento. Só pode ser uma alucinação! Preciso fugir! Sairei daqui antes que o sequestrador volte. Richard deve estar preocupado e certamente me aguarda...*"

Ganhou a mata. Correu sem parar, até se sentir segura. Seguia em busca de ajuda, quando deparou com o sequestrador que tinha sido baleado. Assustou-se com a presença inesperada e, para não ser capturada, buscou abrigo atrás de uma árvore. Mas a cena que via era intrigante: o criminoso que horas antes desafiava a justiça, agora parecia um lunático perdido, pois andava em círculos, com as mãos segurando a própria cabeça, e gritava alucinado. Para não ser vista, mudou o caminho e fugiu.

Ela ainda não tinha noção que desencarnara e seguia resoluta com a intenção de retomar a rotina depois daquele susto horrendo. Nunca se importara com religiões nem com os conceitos morais e humanitários, fatos que dificultavam a compreensão do seu real estado. A ambição e a vaidade a tornaram irresponsável e muito apegada à matéria. Desconhecia que a morte era um novo começo, o retornar para a verdadeira vida. Sua convicção formava-se na crença de que ao morrer tudo se acabava, ou seja, a morte era o fim. Os pais tentaram passar para os filhos alguns valores religiosos, porém ela nunca dera importância ao que eles falavam a esse respeito. Seguia apenas aquilo em que acreditava, era interesseira e calculista. Tirar proveito de tudo e de todos era seu lema. Premeditava acontecimentos, usava a mentira e a dissimulação conforme suas fúteis necessidades. Os conhecimentos divinos, tão importantes para o ser humano, não encontravam guarida no coração daquela pobre jovem que desconhecia a verdadeira condição de espírito na qual se encontrava.

Chegou rapidamente ao local onde estava localizado o apartamento de Richard. Estranhou sua disposição física depois de tanta maldade da qual fora vítima. Mas não desejava pensar em seu padecimento, queria apenas encontrar Richard e, depois, com calma, lhe contar o que sofrera nas mãos dos delinquentes. Decepcionada, não o encontrou no local.

"Ele esteve por aqui, pois vejo os sinais deixados!", pensou.

O anseio de encontrá-lo era desmedido, por isso resolveu procurá-lo no escritório e, se fosse preciso, iria até a mansão. Passaria por cima do próprio orgulho e esqueceria a promessa feita a si mesma de nunca mais voltar à residência da qual fora expulsa de forma humilhante. Sem perder mais tempo, iniciou a busca. A saudade que sentia era grande. Assim, decidiu começar pelo escritório. Presa à matéria, Anita ainda agia como uma encarnada e seguia acreditando que o encontraria. Entretanto, a desencarnação da babá trouxera mudanças severas, e o advogado, na tentativa de se adaptar à nova realidade, buscava a todo custo se livrar da culpa que o perseguia.

Anita alcançou a imensa porta de entrada do edifício, mas não se animou a subir, sentia-se como se algo a impedisse de prosseguir. Resolveu esperar ali mesmo, até o fim do expediente. As fervorosas orações de Maria Rita, em favor do bem-estar do advogado, foram atendidas. O obstáculo encontrado na entrada daquele edifício resultava das constantes preces realizadas pela secretária em favor do advogado.

A jovem estava em profundo desequilíbrio emocional, notava-se estranhamente forte ao mesmo tempo em que sentia dores lancinantes por todo o seu corpo. Andara em demasia, mas não estava cansada. Estranhou um pouco a situação e concluiu que estava drogada.

"Sim, é isso! Aqueles animais me injetaram algum entorpecente enquanto eu estava desacordada!", pensou enfurecida.

Enquanto os minutos transcorriam, reparava no movimento das ruas. Algumas pessoas caminhavam acompanhadas por estranhas criaturas, algumas delas grotescas, pavorosas.

"*Será que ainda estou vivendo um pesadelo? Se for, parece que não tem fim*", divagou a desencarnada. "*Vejo as pessoas que passam, mas parece que me ignoram completamente. Será que são tão insensíveis assim? Estou machucada, rasgada, com uma forte dor no peito. O meu vestido está sujo de sangue e ninguém sequer me olha com compaixão!*"

Tais conjecturas a fizeram quase acordar daquele torpor e, de repente, percebeu seres se aproximando. Transfiguradas, as criaturas agitavam mãos ressequidas, esquálidas. Com olhos esbugalhados, pareciam hipnotizadas. Apreensiva, ela as observava: nunca imaginara que existissem seres tão pavorosos. Um dos integrantes do grupo, com aspecto lastimável, aproximou-se:

— *Ei, docinho, venha conosco!*

— *Vamos nos divertir, gatinha!* — maliciosamente, uma das pavorosas entidades dirigiu-se a ela, fixando-lhe um olhar horripilante.

— *Saiam daqui, estou esperando o meu namorado!* — gritou ela com desprezo para aquelas criaturas.

— *Não sairemos daqui sem você!* — esbravejou um dos monstros, provavelmente o líder daquele bando apavorante.

Anita saiu em disparada, sentindo que aquela turba corria atrás dela. Durante a fuga pensou em sua família.

— *Se eles estivessem aqui me protegeriam, com certeza* — segundos depois, se viu diante de sua mãe.

Não entendia como havia chegado à casa de sua família tão rapidamente. Estava ferida, suja, sentindo dores cruéis, e ainda havia daquelas criaturas horrorosas que a perseguiram. Só queria um pouco de paz, um colo protetor, sentia-se tão perdida e confusa.

Captou uma espécie de chamamento quando se lembrou da família, e quando se deu conta estava diante da mãe, que chorava demonstrando saudades. Em uma das mãos, a mulher segurava uma foto sua e um rosário; na outra, um lenço amassado e umedecido pelas lágrimas que derramara. Viu que sofria em silêncio, com o coração repleto de dor. Por um instante, Anita sentiu vontade de afagar aqueles cabelos brancos. Quis saber por que a mãe chorava olhando para sua foto. Tentou mostrar-lhe que estava ali. Então, se aproximou mansamente. Sua mãe rezava com voz quase inaudível, entretanto, o coração enternecido da filha pôde senti-la, ao mesmo tempo em que experimentava certo amparo e conforto, que não experimentava havia muito. Aproximou-se ainda mais para ouvir o que ela dizia.

"Senhor meu Deus, que está presente em todos os lugares, em todo o universo! Que ama cada um de seus filhos com igualdade, cuide de minha filhinha Anita, que partiu deste mundo, vítima de tanta crueldade, deixando meu coração materno tão ferido! Proteja minha menina, Senhor, esquecendo seus erros, suas fraquezas, e conceda-lhe o perdão! Que ela consiga sentir alívio em

Sua proteção infinita e Sua misericórdia eterna! Que a morte dela sirva de aprendizado a muitos que andam pelos caminhos dos erros. Que assim seja!"

Encontrava-se ali uma entidade iluminada com expressão serena. Era Augusta, que inspirava aquela senhora na singela prece, tentando, por intermédio das orações, abrir os olhos da jovem sobre a sua nova realidade, encoberta depois do cego ataque que a vitimara. Anita, na condição em que se encontrava, não enxergava o espírito benfeitor.

Quando terminaram as palavras amorosas que ouvia atentamente daquela que lhe dera a vida, jogou-se ao chão. Com as mãos cobrindo os ouvidos, não queria escutar a cruel revelação. Ela ouvira a palavra morte e também a frase: "partiu deste mundo com tanta crueldade".

"Não, não pode ser!... Não é verdade!", pensava confusa.

Um *flash* em sua mente a fez lembrar dos últimos acontecimentos enquanto ainda se encontrava nas mãos dos bandidos. Recordou-se da luta entre os dois, que acabou na morte de um deles; de como fora arrastada com violência para fora do cativeiro. Por fim, relembrou o momento do espancamento e do estupro, antes de sofrer o tiro que ceifou sua vida. Tais lembranças apresentavam-se a ela como cenas de um filme de horror.

Finalmente entendeu o motivo do ferimento, do sangue que não estancava.

— *Fui atingida no coração por um dos bandidos, então! E eu morri? Só pode ser isso, senão mamãe não falaria sobre minha morte na oração!* — concluiu em completo desespero. Não aceitava a revelação e gritou alucinada: — *Eu não estou morta, não!*

Cambaleante, ficou em pé diante de sua mãe para se certificar de que tudo não passava de um grande engano, que parecia estar enlouquecendo, que ainda vivia na carne e estava apenas ferida, mas não tinha morrido. Aos gritos, clamou por esclarecimentos:

— *Mamãe, estou aqui, olhe pra mim. Diga que me vê, por Deus, diga que consegue me ver!* — silenciou esperando a resposta antes do abraço materno que lhe retiraria aquelas dúvidas angustiantes.

Dona Maria continuava alheia ao pedido desesperado da filha desencarnada. E, por mais que Anita se esforçasse para ser vista, nenhuma mudança ocorria na expressão tão sofrida daquela que um dia a carregara no ventre.

A entidade que a intuía durante a prece permanecia em oração. Era uma tentativa de fazer Anita aceitar a verdade para depois pedir socorro. Entretanto, ela não conseguia perceber a vibração elevada daquele espírito a serviço do bem e permaneceu em delirante recusa diante de sua nova condição.

Anita deixou o quarto da mãe e seguiu em direção à porta. Segurou a maçaneta para abri-la, mas a mão atravessou-a sem conseguir segurá-la. Assustada, tentou mais uma vez colocando toda a sua força e nem assim conseguiu o resultado esperado. Outras tentativas, mas todas em vão, até que, enfurecida, se lançou contra a porta para arrombá-la e se surpreendeu ao notar que a atravessara ainda fechada, sem sentir a mínima resistência. Ela empregou uma força tão intensa que foi lançada ao portão. Extremamente revoltada com o feito inesperado, gritou por fim:

— *Eu estou morta! Só posso estar morta, senão como poderia fazer tal coisa?* — rumou novamente para a entrada da casa e outra vez jogou-se. Alcançou o interior da casa sem encontrar obstáculo. Convencida do que tanto temia, concluiu enraivecida: — *Realmente estou morta! Morri assassinada! Juro que vou me vingar de todos!* — gritava — *Vocês vão me pagar por tudo! Eu me vingarei de cada um: dos bandidos que me arrancaram da vida; de Rosana, que me humilhou expulsando-me de sua casa; e inclusive de Richard!... Todos pagarão muito caro, eu juro!* — ao final, a vibração desequilibrante alcançou as criaturas que a seguiam e que ainda aguardavam perto da casa. Enquanto partia sem olhar, pensando em vingança, foi barrada pelo chefe do bando, que a agarrou pelos braços.

— *Nós ouvimos tudo, docinho! Você descobriu que está em um novo mundo, não é? Ele pode ser bem divertido, se quiser, e nós somos seus únicos amigos e podemos ajudá-la no plano de vingança! Que me diz disso?* — falava observando-a com ironia.

— *Mas não quero andar com vocês, são tão horríveis!* — disse ela sentindo asco.

— *Somos horríveis?* — retrucou o chefe com fúria — *Mas se pudesse ver sua nova imagem, notaria que também está monstruosa, gracinha. Aquele rostinho lindo não existe mais!* — afirmou caindo na gargalhada, seguido por seus companheiros. Então, ele insistiu apertando ainda mais seus braços — *Sua última chance: Quer nossa ajuda? Juntos, todos nós poderemos fazer seus inimigos sofrer muito pelo que lhe fizeram.*

— *Fala sério?* — indagou sem sentir a mesma aversão de antes. — *Mas o que precisarei fazer para me ajudarem?*

— *Por enquanto nada, gracinha. Apenas nos acompanhe. Vamos sair daqui agora e mais tarde planejaremos a vingança* — respondeu ele, irônico, levando-a dali.

Estava cansada de tantas idas e vindas, além de decepcionada com a revelação de sua morte. Viu crescer dentro de si enorme desejo de vingar-se de todos aqueles que acreditava serem os únicos culpados por todo o seu infortúnio. Sem mais resistir, seguiu o bando e passou a fazer parte dele.

Capitulo 6
Servidores do bem

O destino do bando foi uma antiga fábrica de calçados em ruínas. Havia muito lixo e entulho pelo chão. Sinais de um incêndio, presentes nos restos de sapatos semiqueimados e retorcidos, também estavam ali. Havia ainda destroços das máquinas utilizadas no tempo em que tudo funcionava. Sem iluminação, apenas uma névoa escura ocupava o espaço, semelhante à fumaça do incêndio de outrora, deixando o cenário ainda mais sombrio e assustador.

Anita via se descortinar, diante de seus olhos, um mundo completamente novo, uma realidade espiritual terrível, que a surpreendia, pois nunca a imaginara. Vivera uma vida de futilidades sem nunca se preocupar com as questões religiosas, por isso ignorava muitos ensinamentos do mestre Jesus divulgados vastamente por ele, pelos apóstolos e, posteriormente, pelas inúmeras notícias da espiritualidade... Quando o Messias anunciou que havia muitas moradas na casa do Pai e que a Terra não era o único mundo, quis, exatamente, nos mostrar a realidade que agora ela experimentava. No universo, que é infinito, Deus cria constantemente mundos para serem habitados por seus filhos. Tais habitações existem nos planos físico e extrafísico. Os seres humanos quando nas vestes carnais usufruem do planeta azul como a sua morada e, durante o tempo em que nele permanecem, criam, conforme a maneira que se portam, a verdadeira condição para o seu futuro... Porque as ações, as palavras e os pensamentos os levam, depois da morte do corpo, para os lugares merecidos, embora a bondade divina lhes possibilite a chance de, melhorando intimamente, habitarem mundos melhores e mais elevados. Daí a importância dos ensinamentos cristãos, pois por intermédio deles os homens podem evoluir e almejar o reino de Deus que, sem dúvida, já está dentro de cada um.

O chefe do grupo ordenou a um dos integrantes da equipe maléfica que conduzisse a recém-chegada até determinado ponto daquele lugar assustador. Submissa, ela obedeceu.

Anita olhava tudo à sua volta. Vários espíritos em iguais condições às dela estavam acorrentados a uma espécie de tronco. Suas expressões se igualavam a de escravos fatigados do trabalho árduo. Exaustos, sujos e cobertos de ferimentos, nem notavam que chegava mais uma. De início, ela imaginou se tratar de prisioneiros vítimas de alguma vingança e até se deliciou ao imaginar seus inimigos naquela cena deplorável. Mas quando percebeu que também seria acorrentada, entrou em desespero e tentou fugir, mas foi capturada por outro integrante do bando, que surgiu repentinamente. De joelhos, implorou:

— *Não me prendam, por favor! Vocês prometeram me ajudar na minha vingança, e foi só por isso que aceitei acompanhá-los.*

— *Cale a boca!* — dizia um deles enquanto a acorrentava no tronco. — *Mais tarde Zaru virá visitá-la...*

— *Quem é Zaru?* — quis saber.

— *Zaru é o chefe da turma! Agora fique quieta para não perturbar os outros!* — um deles ordenou, e, em seguida, partiram, sem dar importância aos prantos da nova prisioneira.

Anita perdera a noção do tempo transcorrido até a chegada do tal Zaru, quando ouviu vozes alegres aproximando-se da fábrica. Do tronco onde estava presa, pôde ver que se tratava de jovens encarnados corrompidos pelas drogas. Ficou observando o movimento daquela turma que preparava a droga para ser consumida enquanto bebia alguma coisa que não soube identificar. Surpreendeu-se com o interesse dos espíritos que a trouxeram. Eles ficaram colados à turma de encarnados que nem percebia a companhia funesta dos espíritos monstruosos sugando a essência da bebida e da droga usadas durante a reunião. Jovens e espíritos, extasiados depois do consumo, deram início às conversas animadas. Entre risadas, palavras sem sentido e alguns planos mirabolantes a respeito de vários assuntos, os jovens encarnados eram influenciados pelos seres invisíveis a consumir mais e mais. Depois de saciados, deixaram a fábrica abandonada. Iam, sem saber, levando um dos espíritos junto deles. Anita, que tudo observava, ficou assustada com o processo utilizado pelos desencarnados para interferir na vida dos jovens, mantendo severa influência negativa sobre eles.

"Jovens imbecis, tão prisioneiros quanto eu", pensou indignada.

Pouco tempo depois, surgiu horrenda criatura. Vinha acompanhada de outras tantas tão medonhas quanto. Mas aquela, em especial, provocava medo e repulsa... Os olhos vermelhos e arregalados, um nariz enorme, a face enrugada e quase cadavérica, cabelos longos e desalinhados. Vestia o que seria uma calça rasgada na altura dos joelhos e uma capa vermelha com um capuz imenso que ajudava esconder aquele rosto arrepiante. Os pés descalços eram muito magros e longos, pareciam garras com apenas quatro dedos em cada. As mãos seguiam a mesma linha dos pés, destacando-se o enorme anel metálico contendo um símbolo desconhecido, mas parecido com um desenho cabalístico.

Anita gelou quando o viu parado à sua frente. O olhar parecia o de uma fera faminta a contemplar a sua presa.

— *Esta gracinha é aquela que capturaram hoje?* — perguntou com voz rouca e expressão irônica.

— *Sim, Zaru, é ela mesma!* — afirmou um dos súditos da sociedade danosa.

— *É a novata!... Seja bem-vinda, gatinha!* — falou debochado. — *Deixe-me me apresentar: sou o rei deste castelo, mando em tudo e em todos. Tudo aqui me pertence, inclusive*

você! — falou tão próximo que ela podia sentir o hálito pestilento.

Anita sentiu uma reviravolta no estômago e quase vomitou em cima da criatura horripilante.

Captando a repulsa, Zaru aproximou-se ainda mais, enquanto ela se debatia. Em seguida, colocou suas enormes mãos na cabeça de Anita e sugou boa parte da energia da prisioneira. Quando ficou satisfeito, a vítima encontrava-se sem forças para reagir.

Como em um ritual sinistro, todos os outros prisioneiros que ali estavam também foram vampirizados sucessivas vezes por Zaru e seus companheiros. A prática obedecia a uma hierarquia comum àquele grupo: o cerimonial começava pelo chefe Zaru e depois seguiam-se os demais, considerando o grau de importância, dedicação e lealdade de cada um, segundo a escolha do próprio líder. Tais reuniões rotineiras eram a ocasião em que os prisioneiros serviam de prato principal no banquete funesto. Essa era a realidade dela depois da desencarnação, escrava vampirizada por um bando de espíritos perversos. Não tinha como fugir e por muito tempo permaneceu presa naqueles domínios. A cada reunião apareciam mais espíritos, alguns ligados ao corpo físico por um cordão fluídico.

O cordão fluídico liga o perispírito ao corpo físico, do qual se desprende apenas quando ocorre a morte física, o falecimento dos órgãos. Muitos espíritos que lá se encontravam apresentavam essa característica, indicando que ainda estavam encarnados. Em espírito, desprendidos temporariamente do corpo físico, lá se encontravam com os seus semelhantes.

Anita só pensava em se livrar da prisão para colocar em prática o plano de vingança contra aqueles que, segundo ela, eram culpados por sua desencarnação. No entanto, não encontrava meio de fugir das pesadas correntes que a prendiam.

Equipes de espíritos benfeitores encontravam-se no local, com o objetivo de resgatar aqueles que, movidos pelo arrependimento, rogassem auxílio a Deus. Oravam e inspiravam pensamentos de ordem elevada naqueles que enfrentavam terríveis padecimentos, motivando-os a reagir e a superar a maléfica influência que os aprisionava. Devotados à causa do bem, perseveravam na tentativa, empenhados em auxiliar o maior número possível de sofredores.

Atendendo ao merecido pedido da irmã Madalena, avó de Anita, desencarnada fazia mais de vinte anos, os servidores do bem se dirigiam constantemente até o local onde se encontravam os irmãos cativos. Obedecendo a um plano de trabalho pautado no amor ao próximo e no respeito ao livre-arbítrio, distribuíam energias equilibrantes, enquanto esperavam que brotasse o verdadeiro desejo de melhora íntima na mente de cada um daqueles espíritos prisioneiros...

Anita, ainda presa ao desejo de vingança, não conseguia ver e nem sentir a presença benéfica da equipe do bem, a não ser uma tênue sensação de bem-estar momentânea quando os benfeitores espirituais dela se aproximavam.

Entre os espíritos de encarnados que acompanhavam os espíritos perversos que povoavam aquele antro, encontrava-se um homem que se destacava dos demais. Apresentava traços de bondade em seu coração, e foi por intermédio dele que se abriu a possibilidade de resgatar Anita.

Roberto contava cinquenta anos de idade e tinha um filho alcóolatra que muito o preocupava. Recorrera a tudo com o propósito de retirá-lo do vício: internações, tratamentos e palestras. Nenhuma dessas iniciativas alcançava sucesso, pois o filho não demonstrava vontade de libertar-se. Durante as horas de vigília, aquele pai vivia suas angústias infindas, porém era no período do sono que se davam os maiores terrores. O apego e a preocupação eram tantos que, quando dormia, Roberto, em espírito, se desprendia do corpo e seguia seu filho, que, por sua vez, reunia-se com espíritos viciados e dementados do bando de Zaru. Roberto, sempre a certa distância, acompanhava aquelas reuniões na companhia dos servidores do bem. Dessa forma, ele pôde ser aproveitado no plano de salvamento planejado a partir do merecido pedido feito pela irmã Madalena.

Tudo já estava preparado no local, e os malfeitores aguardavam Zaru, que se ausentara para participar de outra reunião com líderes de bandos diferentes. Aquele seria o momento propício para promover o resgate planejado. Alguns dos espíritos ali aprisionados, já cansados de tantos sofrimentos, encontravam-se arrependidos dos erros cometidos que os prendiam àquela triste realidade. Por isso, a equipe de espíritos benfeitores comandada por Augusta se preparava para libertá-los. Entretanto, Anita não apresentava tais condições e continuava a vibrar no desejo de vingança contra aqueles que, segundo ela, eram os responsáveis por sua desgraça. A sua remoção para o posto de socorro onde eram aguardadas as vítimas de Zaru dependeria de sua vontade de mudança íntima, de arrependimento sincero.

A instrutora Augusta, espírito elevado que dedicava horas de seu trabalho em socorro de irmãos em desespero, participou do encontro daqueles chefes odiosos. Ela cumpriria uma importante missão: acompanhar o espírito que fora a mãe de Zaru, que também iria em uma tentativa de resgatar o filho daquele mundo sombrio. A vibração do amor materno em torno de seu rebento poderia, momentaneamente, ser capaz de neutralizar as forças negativas de Zaru. Aproveitando-se da oportunidade, a equipe de espíritos benfeitores que se encontrava na fábrica em ruínas libertaria Anita e os demais merecedores, desfazendo as correntes fluídicas que os prendiam.

O líder, perdido nas sombras, sentiu-se envolvido por tênue luminosidade, enquanto percebia no ar a mesma fragrância do perfume usado por sua mãezinha quando ainda vivia na Terra, décadas antes. Auxiliada por Augusta, conseguiram envolvê-lo em atmosfera de ternura e paz. Zaru chorava ao contato das vibrações emanadas do coração de sua querida mãezinha e temporariamente desligou-se de seus maldosos propósitos. Aquele era o momento exato, e Roberto e os benfeitores, na fábrica abandonada, aproximaram-se dos espíritos arrependidos. Sem perder tempo, foram libertando e conduzindo-os para hospitais espirituais. Anita, porém, apesar dos rogos da avó, não pôde ser libertada em razão da sintonia que a prendia ao cativeiro do bando.

Tempos depois, Anita, de tanto observar as atitudes dos integrantes e frequentadores, aprendeu a usar a sua força mental e a direcioná-la a quem desejasse. Aprendeu também que, na condição de espírito, conseguiria estar onde seu pensamento vibrasse e, utilizando-se desse mecanismo, focou toda a sua força de pensamento em Richard, e, quando se deu conta, estava instalada em um dos quartos do apartamento dele. Orgulhosa de seu feito, iniciou seu plano deprimente, movida pelo ódio e pelo desejo de vingança.

Capitulo 7

A vingança

Havia transcorrido quase um ano desde a desencarnação de Anita, e as marcas deixadas pela forma como tudo ocorrera causaram mudanças significativas nas pessoas. Em algumas, foram diminuindo paulatinamente com o passar do tempo. No entanto, em outras pareciam permanecer latentes e, por vezes, severas, como no caso de Richard, que se culpava diariamente pelo destino cruel daquela garota que outrora dividira consigo momentos de intensa paixão.

 A família da jovem, embora tivesse problemas de relacionamento com ela quando ainda encarnada, sentia sua falta e sofria com as lembranças que ficaram gravadas para sempre em cada coração, especialmente pela maneira desumana que ocorrera a desencarnação. Richard fez questão de ajudá-los financeiramente, cumprindo a promessa feita diante do túmulo. Mantê-los amparados aliviava a consciência e minimizava o grande sentimento de culpa.

 Dona Maria, a mãe de Anita, era uma mulher de muita fé. Orava todos os dias pela filha e, sem conhecer a proporção dos benefícios das preces, mantinha, assim, afastados dela espíritos interessados em recapturá-la.

Anita sintonizava-se com as zonas inferiores, e todo o seu tempo era usado para praticar estragos significativos na vida dos desafetos. Começou pelos sequestradores, presas fáceis dependentes de drogas e do álcool, cuja vida desregrada os levara a cometer crimes resultando na morte de um deles. Ela se lembrou de tê-lo visto enlouquecido na mata próximo ao casebre utilizado como cativeiro. Decidida, resolveu ir até ele, e pensaria num plano para se vingar. Seria aquele o primeiro alvo.

Na mesma mata, lá estava ele, o delinquente enlouquecido. Andava em círculos com as mãos na cabeça e gritava feito um alucinado, parecia esgotado diante daquele sofrimento sem-fim. Ansiava pelo acerto de contas com o parceiro de tantos crimes; entretanto, esperava aliviar a dor para sair atrás do traidor.

Anita alegrou-se ao descobrir as intenções daquele infeliz e partiu em busca de ajuda. Lembrou-se de outro bando de espíritos obsessores, amigos de Zaru, que agia nas proximidades.

Caminhou muito procurando por eles, entrou em boates, bares, reuniões de drogados, e até em lugares onde traficantes negociavam drogas. Estava desistindo da busca quando os avistou em um prostíbulo que ficava na mesma cidadezinha.

Permaneceu por um tempo observando a movimentação do agrupamento. Temia ser reconhecida como foragida de Zaru. Satisfeita, descobriu que uma das integrantes lhe era desconhecida, então resolveu abordá-la.

A mulher tinha mais de dois metros, era esquelética, tinha feições deformadas pelo uso constante de substâncias deletérias, dentes muito grandes, afiados na ponta, e apenas um braço. No instante oportuno, Anita aproximou-se sem demonstrar temor e até fingiu certa intimidade. Anita iniciou uma conversa.

— *Como vai, parceira, lembra-se de mim?* — arriscou.

— *Você me conhece de onde?* — perguntou curiosa, enquanto avançava na direção dela. — *Nunca a vi por aqui!*

— *Já nos encontramos, sou do bando de Zaru e estou aqui em serviço, cumprindo ordens dele.*

— *Sim, Zaru! Camarada antigo. Que serviço ele ordenou? Vigiar-nos?* — falou desconfiada.

— *Claro que não! Cuidava de um prisioneiro, mas acabei de ser chamada e preciso voltar com urgência, e o chefe ordenou que o abandonasse!... Acho mesmo é que Zaru desistiu dele. O desgraçado está aqui perto. Se quiser um novo escravo, trago o infeliz para você!* — Anita finalizou o intento.

— *Novo escravo? Sim, sempre é bom... Espere um pouco, já volto!* — a figura estranha, bastante interessada na oferta, se afastou.

Anita ficou à espreita aguardando o retorno daquela figura horrorosa, evitando surpresas desagradáveis caso alguém se lembrasse dela. Não seria mais apanhada de surpresa.

Não demorou muito e a mulher voltou.

— *Pode trazer aquele "porcaria"! Nós ficaremos com ele!*

— *Ótimo! Vou buscá-lo, pois preciso retornar rápido!* — respondeu animada ao ver seu plano alcançar o desfecho esperado.

Não foi difícil trazê-lo, a perturbação daquele pobre espírito era tamanha que bastou dizer-lhe que o parceiro o esperava mais à frente para que se deixasse conduzir. Chegando ao ponto de encontro, Anita o entregou.

— *Aqui está ele! Não posso mais ficar, senão terei problemas com Zaru!*

— *Entendo. É melhor mesmo não deixá-lo esperando* — respondeu a outra, mais amigável.

— *Então, até a vista, parceira! E faça bom proveito desse desgraçado!* — despediu-se e saiu gargalhando.

Satisfeita com o sucesso, achou fácil demais a execução, fato que lhe deu ainda mais ânimo para prosseguir em seu plano de desforra. Sem perder mais tempo, partiu à procura do outro criminoso, o mesmo que desferira um tiro em seu peito, pondo fim à sua vida terrena e a seus sonhos... Para encontrá-lo serviu-se da força do pensamento, que no mundo espiritual nada mais é do que uma espécie de *rastreamento psíquico*, em que as mentes se conectam por intermédio da sintonia... Como as vibrações de ambos desfilavam em igual faixa, a dificuldade de conexão foi quase nula.

Ela o encontrou em um bar, próximo de uma favela da Grande São Paulo, completamente dominado pelos efeitos dos seus vícios. Percebeu que ele não estava só, pois dividia com diversos vampiros a droga e o álcool que consumia. A vingadora se manteve a certa distância para não ser vista pelos espíritos. De onde se posicionou, passou a influenciá-lo por meio da força do pensamento, incutindo nele ideias de suicídio, de que sua vida de nada valia e que tudo estava perdido.

Anita não dava trégua e se manteve dominando-o continuamente, pelo tempo necessário para atingir o sucesso do seu plano. Não arredava o pé um segundo sequer e vibrava diuturnamente enviando-lhe os pensamentos destrutivos. A força depositada naquelas ideias suicidas era tão intensa que foi captada pela vítima, e a moça regozijava-se ao vê-la disposta a atender às sugestões.

Três meses depois, bastante enfraquecido pela excessiva ação obsessora, o criminoso já quase não se alimentava; a mente deveras perturbada, somada à vida completamente desregrada que levava, fê-lo não suportar mais e decidir-se por acabar com a vida dando um tiro na própria cabeça, utilizando a mesma arma com que matara a babá e o parceiro do sequestro.

Intensamente satisfeita, Anita experimentou o prazer da vingança ao ver que dois de seus desafetos estavam fora de combate.

— *Eles tiveram o que mereciam! Agora vou concentrar minhas forças e meu tempo para acertar as contas com a família Pamplona.*

Um estranho pesar surgiu quando pensou em destruir o amado. Todavia, acreditava que ele também tinha culpa em sua desencarnação. Desequilibrada, não se permitia perdoá-lo.

— É impossível esquecer tudo o que me fizeram e o quanto tive de sofrer e suportar sozinha, sem ninguém para me ajudar! Não posso perdoá-lo, Richard.

Capitulo 8

A vez dos Pamplonas

Anita, revigorada, aprendera a manipular e a direcionar a força mental para atacar quem desejasse, além de aprender a resistir aos apelos de espíritos como aqueles que a enganaram e a fizeram de prisioneira. A sutileza nos ataques aumentava conforme ela tomava mais consciência de seu estado espiritual. Podia ler as mentes e também sugestioná-las para fazerem o que ela ordenasse — um novo e funesto poder que a deixava mais vaidosa, confiante e egoísta.

Desde que havia se libertado das garras de seus perseguidores, Anita retornara para o apartamento que servira de cenário para os momentos da paixão embalada por sonhos acalentados e não realizados. Tinha todo o tempo do mundo. Aliás, tinha toda a eternidade para ficar ao lado de Richard e, pouco a pouco, tomaria conta dele e de sua vida. Ocuparia todo o espaço que ele permitisse.

Presa em sua própria dor, alimentava a sua revolta sem se dar conta de que, escolhendo a vingança, prejudicaria a si própria. Anita não sabia que Richard sentia-se culpado pelo cruel destino que a vitimara, que ele tudo fizera para salvá-la do sequestro. Também não sabia do remorso que ele sentira após ver-se derrotado em todo o esforço empregado, restando apenas marcas profundas que ainda não haviam cicatrizado.

A realidade o empurrava a seguir adiante. Richard precisou retomar o dia a dia. Veio o divórcio; a mudança inevitável e definitiva para o apartamento; o retorno ao trabalho e, ainda, a presença dos "fantasmas". As alterações na rotina modificaram totalmente sua maneira de pensar e agir. Escolhera a solidão como uma espécie de autoproteção.

Nas horas do dia, os afazeres tinham o poder de trazer-lhe a serenidade, apesar de sentir-se vigiado o tempo todo. Durante a noite, sua angústia aumentava com as lembranças que tanto queria esquecer.

Ficou mais ausente na vida das filhas, punia-se, mas acreditava que o afastamento seria melhor, para não provocar novos confrontos com Rosana. Esta vivia entre altos e baixos nas suas crises de depressão. Tentava refazer a vida de muitas formas, mas de repente tudo virava um abismo sem-fim e novamente as forças lhe faltavam para ir adiante. Sofria em silêncio, porque, no íntimo, também sentia culpa pelo trágico fim da babá, humilhada e expulsa da mansão. Fernanda e Ana sofreram com a morte repentina da amiga que estimavam. No entanto, dentre todos os envolvidos, foram as únicas que se recuperaram sem trauma e sem culpa.

Esse era o quadro vivido por todos. Cada qual ao seu modo procurava fechar as feridas deixadas pela dura experiência. Enfim, a passagem da jovem pela vida deles tivera um grande significado. Não obstante, Anita estava alheia aos acontecimentos rotineiros dos envolvidos e não entendia o quanto já prejudicara aquelas pessoas.

Toda vez que sentia a presença de Richard aproximando-se do apartamento, quase desistia de seus intentos de vingança, porque rememorava os tempos em que recebera os carinhos daquele homem. As emoções e sensações de outrora lhe voltavam à mente, e, por breves instantes, quase se arrependia por desejar prejudicá-lo. No entanto, buscava força para manter-se controlada:

— *Não posso me deixar levar pelos meus sentimentos! Richard foi cruel comigo e não valorizou meu amor, agora pagará igualmente por isso! Hoje me encontro fora de cena, transformada em um fantasma com aparência medonha, e parte disso é culpa dele também. Fui eu quem mais perdeu na história, quem deixou a vida para apodrecer em um túmulo fétido e frio.*

Tanta amargura acumulada na alma não permitia que Anita percebesse a presença de Augusta, a instrutora da equipe dos servidores do bem que constantemente vibrava em favor daquele espírito doente e em desalinho.

Era em vão permanecer naquela tarefa, porque Anita estava cega para certas verdades divinas. Por essa razão, a entidade elevada sempre se afastava e seguia para outros trabalhos que reclamavam a sua presença, como os da casa espírita da qual era mentora.

O advogado andava exausto e sem ânimo. Naquela noite tomou uma ducha e foi dormir. Mergulhou em um sono profundo. Anita aproximou-se e permaneceu ao seu lado, até que, em determinado instante, percebeu que, em espírito, ele se afastava do corpo físico. Seguiu em direção desconhecida, ignorando a presença daquela que o observava atentamente.

"Talvez esteja com um novo romance!", pensava a desencarnada já planejando sua destruição, caso isso se confirmasse. *"Ele não pode ter me esquecido tão depressa assim!"*. Tais pensamentos davam mais vazão à sua fúria incontida: *"Acabarei com os dois! Canalhas!"*.

Obedecendo ao raciocínio doentio, ela o seguiu conservando certa distância para evitar ser reconhecida. Surpreendeu-se ao ver como ele flutuava no ar, enquanto ela se arrastava com certa dificuldade. Parecia que era carregado por anjos.

O lugar para onde fora era muito iluminado. Uma casa simples e bem protegida por quatro espíritos repletos de luz. Pareciam ser soldados sem as armas. Refletiam imensa bondade em sua expressão amável e visível mansidão no olhar.

Richard foi cumprimentado antes de adentrar aquele ambiente que emanava paz. Ela comoveu-se e seguiu avante, porque também pretendia entrar, embora grande incômodo ofuscasse a sua visão. Mas foi barrada por um dos guardiões, que lhe falou com docilidade:

— *Cara irmã, se deseja participar do banquete divino, deve primeiro desistir de seus intentos!*

— *Está me proibindo de entrar? E como pode falar das minhas intenções se nem me conhece?* — retrucou alterada diante da advertência.

— Não estamos proibindo a sua entrada. Você está diante de uma casa de orações! A única barreira que a impede é a revolta contida em si própria, que nada mais é do que um agente destruidor das boas vibrações — respondeu o guardião com candura.

— Como pode falar assim comigo? Se não me deixar entrar nesse lugar, verá do que sou capaz! — falava enquanto investia sobre ele. No entanto, uma barreira invisível a impediu de seguir, e duas mãos firmes e carinhosas a seguraram.

— Quando você tiver condições de desistir do impulso de vingança que a move no momento, será muito bem-vinda nessa casa de caridade! Por hora, aconselho-a a meditar a respeito de suas ações.

— Não pedi conselhos a ninguém. Das minhas atitudes cuido eu!

— Sendo assim, não poderá entrar, visto que pretende influenciar o irmão que veio trazido para iniciar-se em um verdadeiro aprendizado espiritual.

Todos os seres, encarnados ou desencarnados, são filhos de Deus e usufruem dos mesmos direitos. Entretanto, a presença de Anita, naquela noite, considerando o desejo de vingança que a movia, traria prejuízos ao processo de transformação íntima pela qual Richard submetera-se, pois sua mente, ainda bastante despreparada, permitia o fácil acesso da amante que se tornara obsessora. Levando em conta tal realidade, os trabalhadores espirituais impediram o acesso de Anita, evitando prejuízos maiores. Não obstante, ela também recebia os cuidados e a proteção indispensável e, aos poucos, era conduzida no mesmo caminho da luz que todos um dia trilharão.

Anita recuou alguns passos e continuou firme em seu propósito de vingança. Tentava sugerir a Richard que saísse imediatamente daquele local. Mas, vencida pela impotência diante da proteção intransponível, foi embora ainda mais revoltada. Insatisfeita, resolveu influenciá-lo, com a intenção de impedi-lo de voltar à tal casa de orações.

Na residência, ela o encontrou no quarto, adormecido. Posicionou-se ao seu lado e, valendo-se de um recurso que sequer imaginava como funcionava, dirigiu firmemente sua atenção para um livreto abandonado na cabeceira da cama. Alguns instantes depois, o pequeno exemplar arrojou-se ao chão, movido por alavanca invisível. O ruído despertou o advogado: Anita, feliz com o resultado de sua iniciativa, sussurrou-lhe algumas palavras ao ouvido.

— *Você não voltará mais àquele lugar! Não permitirei que isso aconteça! Preciso tê-lo sempre por perto, porque me vingarei de você também!*

Ele não conseguiu mais dormir e revirou-se no leito o restante da noite. Viu quando o novo dia surgiu trazendo as obrigações comuns. Extremamente cansado, mas sem nenhuma lembrança da experiência vivida durante a excursão à casa espírita, partiu para mais um dia de trabalho.

Anita decidiu ir até a mansão para ver como estavam todos por lá. Não se esquecera de Rosana e do quanto ela contribuíra para o seu trágico fim.

Adentrou a mansão sem encontrar dificuldades. Tudo continuava igual à última vez, quando, depois de expulsa, jurou não mais pisar naquele solo. Sem pressa, passeou pelo lindo jardim relembrando o dia em que chegara àquele endereço para ser a babá das herdeiras dos Pamplonas. Também recordou de como ficara deslumbrada com tanto requinte, o que a fizera sonhar em ser a dona de tudo aquilo. Revoltou-se, e uma onda torturante invadiu-lhe a mente ainda tão perturbada.

Precisava recompor-se, porque não permitia se deixar levar pela fraqueza, comprometendo seu plano de vingança. Refeita, entrou na mansão, amaldiçoando o jardim.

Observou todos os empregados da casa na correria cotidiana sem se darem conta de que eram observados, adentrou o antigo quarto que ocupara e percebeu as mudanças na decoração, nas cores na parede e nos móveis. Viu a foto de outra mulher sobre o criado-mudo.

"Deve ser a nova babá das meninas", pensou. *"Não importa mais quem ocupa o meu lugar, quero apenas destruir Rosana. Com Fernanda e Aninha é diferente: sinto bastante saudades delas, porque, de toda a família, foram as únicas que me quiseram bem"* — existia um resquício de carinho vibrante em seu espírito atormentado.

Observou os detalhes do quarto mais uma vez e partiu à procura daquela que um dia a jogara à rua, expulsando-a como não se faz nem com um cão sarnento.

— *Agora, estou em vantagem e você me pagará por tudo, Rosana. Ficou mais fácil para mim!* — caiu na gargalhada enquanto rumava ao encontro da ex-patroa.

Subiu pelas escadas e quando se deu conta estava no quarto. A dona da casa dormia sob o efeito das medicações fortíssimas que consumia diariamente. Anita a olhou com desprezo e, não contendo a ira, cedeu ao impulso e arremessou-se sobre a vítima. Apertou o pescoço dela na tentativa de sufocá-la até que não respirasse mais, enquanto Rosana debatia-se em sonho, com a expressão carregada de horror.

As palavras da desventurada babá denunciavam todo o ódio que sentia.

— *Morra, sua safada! Estou esperando por você! Morra! Vou escravizá-la, torturá-la e aterrorizá-la para sempre. Quero a sua alma, a sua paz...*

Rosana conseguiu entreabrir os olhos depois de muito esforço, mas, sentindo-se sufocada, não conseguia gritar por socorro. Quis levantar-se, mas um peso anormal sobre o corpo a impedia. Era Anita, que nesse instante estava montada sobre ela e com uma das mãos continuava sufocando-a, enquanto a outra estapeava a face da inimiga, como se estivesse com um chicote nas mãos. Embriagada de tanta euforia, comprazia-se com o mal causado. A torturante investida durou minutos, mas para a refém parecia uma eternidade. Ofegante e atordoada, transpirava muito quando; por fim, acordou. Cenas de um pesadelo confuso surgiram repentinamente, e era a imagem da babá morta que protagonizava o angustiante embate. Um grito assustador ouviu-se em todas as dependências da mansão.

Pouco tempo depois, a governanta Helena surgiu preocupada.

— O que houve, dona Rosana? Escutei um grito — assustou-se com o estado lastimável da patroa.

— Não me sinto nada bem... Tive um sonho horrível!... Por favor, ajude-me a ir ao banheiro — implorou ainda ofegante. — Estou sem forças e preciso de um longo banho!

— Sim, senhora, venha comigo! — respondeu a fiel Helena, abraçando-a para conduzi-la até o chuveiro.

— Estava sonhando com aquela babá, a Anita. E foi um pesadelo horroroso — confidenciou-lhe.

— Não pense mais nisso, pode atrair coisas desagradáveis!... Deixe que ela descanse em paz, pois não passa de uma pobre alma! — aconselhava a criada com carinho.

— Tento esquecê-la todos os dias, mas não consigo!

Anita, ainda presente, ouvia tudo o que falavam e com desprezo ironizou:

— *Deixar-me descansar em paz? Vivo um tormento constante por culpa de vocês, e é por esse motivo que estou aqui, para fazer da vida de vocês também um verdadeiro inferno!*

Helena captou a vibração odiosa da desencarnada e sussurrou quase para si mesma.

— Farei uma oração pela alma de Anita e já voltarei para atendê-la! — as palavras demonstravam a extrema dedicação e respeito à patroa.

— Sim! Faça isso, por favor! — implorou Rosana.

A governanta afastou-se um pouco e, fechando seus olhos, colocou toda emoção nas palavras ditas durante a prece.

— "Senhor Pai Todo-Poderoso, que sois justiça e bondade, derramai sobre sua filha Anita as bênçãos do perdão, do amor e da caridade! Que ela encontre o caminho da luz que a levará ao Senhor, meu Deus! Que as amarguras e as dores acumuladas ainda na carne cedam espaço ao amor, à irmandade, e que em Vosso nome ela possa esquecer seus sofrimentos terrenos e em espírito se arrependa de tudo! Que assim seja!".

Anita, calada, ouviu a oração e, durante um breve instante, sentiu-se envolvida por uma espécie de proteção, um calor ameno que lhe percorreu o perispírito, e, então, vencida pela força do afeto e da caridade depositada na prece que saía do coração de Helena, afastou-se, vencida. Deixou o quarto, quebrando, momentaneamente, a corrente de ódio.

Rosana, mais refeita, descansou na banheira depois daquele triste enfrentamento espiritual.

Antes de deixar a mansão, Anita passou pelo quarto das meninas. Apenas as viu a certa distância sem se aproximar. Fernanda estava concentrada na lição da escola, e Aninha brincava com bonecas, fazendo nelas penteados e trocas de roupas.

Seria difícil para Anita continuar agindo na mansão: a governanta pedia fervorosamente a proteção de Deus. Daria continuidade ao projeto vingativo de longe. Mas, no fundo mesmo, Anita não queria admitir para si que a oração proferida em seu favor a fizera sentir-se bem. A sensação era comparável àquela que recebia das constantes preces de sua mãe.

Na solidão do quarto que ocupava no apartamento, ela continuava agindo contra seus desafetos, levando adiante seu plano de vingança.

Rosana passou a sofrer crises mais frequentes, a sentir forte mania de perseguição, que a deixava completamente em pânico. Temia tudo e desconfiava de todos à sua volta. Negava-se a receber a alimentação de qualquer pessoa, inclusive da governanta. Tal transtorno fazia com que se isolasse cada vez mais. Definhava dia a dia, alimentava ideias suicidas, preocupando o círculo de pessoas com as quais convivia.

Vez por outra, preocupados, os empregados chamavam Richard, o ex-marido de Rosana, o qual os atendia prontamente. Mas, anunciada sua presença, ela se recusava a recebê-lo. Só adormecia quando, vencida pelo cansaço, entregava-se ao sono. Nesses curtos intervalos, Anita aproximava-se de Rosana e aproveitava para zombar do seu estado, humilhando-a impiedosamente. As meninas foram afastadas do lar e levadas para passar uma temporada na casa da tia Raquel. E, mesmo contra a vontade do pai, concordaram que seria a melhor solução, porque nem mesmo ele dispunha de condições emocionais para se responsabilizar pelas menores. Um verdadeiro caos instalou-se na família Pamplona.

Richard andava tão esgotado que sequer questionava as decisões que a própria Raquel assumia em relação às suas filhas. Ele almejava apenas sair daquela fase conturbada. Muito abalado com as cenas que presenciava quando Rosana entrava em crise, agradeceu aos Céus por resolverem interná-la novamente na clínica. Porém, por um período bem mais longo, visto que ela definhava, com um temor incomum no olhar, vítima de alucinações com supostos monstros tentando devorá-la ou envenená-la. Rosana, naquela fase, mais parecia um animal acuado, e como tal se portava.

Richard sentiu maior segurança com a internação da mãe de suas filhas, tão abaladas com o terrível quadro familiar. Oprimia-se por não poder fazer quase nada para ajudá-las, e assim ia levando a vida aos trancos e barrancos. Seu último refúgio era o trabalho, apesar de por vezes enfrentar momentos de significativo desânimo.

Anita se alegrava diante de tudo o que provocara em sua desmedida fúria e com os estragos que causara na vida de todos aqueles considerados por ela culpados de sua infelicidade.

Até quando ela continuaria naquela trajetória tenebrosa?

Capítulo 9
Festas de fim de ano

Para que as meninas não sentissem tanto a falta da mãe, pai e tia deram uma trégua às diferenças existentes entre ambos e procuravam uma convivência o mais sociável possível. Com a proximidade da festa natalina, Fernanda e Aninha ficavam mais carentes, por isso, de certa forma, os cuidados de Raquel deixavam-nas mais seguras. Em razão disso, os dois se dedicavam totalmente às meninas, superando quaisquer divergências existentes entre eles.

No escritório de Richard, o ritmo de trabalho era bem acelerado. Decidiram parar com os expedientes na semana das festas de fim de ano e, para que nada ficasse pendente, dedicavam-se ao máximo à realização das tarefas. Richard passava mais horas trabalhando e só chegava a casa tarde da noite. Estafado, não encontrava condições para mais nada. Porém, as lembranças de Anita o acompanhavam diariamente, perturbando-lhe as noites e a paz dos seus dias. A sensação de ser vigiado não cessava. E assim seguiam seus dias.

Era o penúltimo dia de trabalho antes do recesso, o clima natalino pairava no ar transformando a mais insensível das criaturas em pessoa com atitudes caridosas, e, nesse ambiente pacífico, estava também inserido o doutor Richard. Ele encomendara cestas de Natal para presentear os funcionários do escritório, os da mansão, e outra cesta, mais caprichada, que ele fazia questão de entregar pessoalmente à família de Anita. Não sabia explicar o porquê, mas nutria imensurável carinho pela mãe dela. Uma mulher extremamente simples, a qual, apesar de enfrentar uma vida de privações, não perdera a ternura e a fé no futuro.

O episódio do funeral de Anita fora triste, embora tivesse servido para aproximá-lo mais daquela mulher tão especial que, apesar da dor contida, diante do cruel destino da filha, mantivera a conformação que transbordava de sua alma.

A cerimônia da entrega das cestas começou pela secretária. Ele a chamou em sua sala para entregar-lhe o presente com os votos de boas-festas:

— Dona Maria Rita, esta é apenas uma lembrança de Natal, para ser consumida junto dos seus! Eu gostaria apenas de ressaltar que foi escolhida com todo carinho, respeito e gratidão por todos os anos de dedicação e parceria no trabalho! Sem sua energia e docilidade no trato de tudo, eu jamais conseguiria chegar no dia de hoje, por isso, meu muito obrigado!

— Sou eu quem agradece, doutor! Pelo presente e pelas palavras incentivadoras que acabo de ouvir. Faço meu trabalho com amor e muita satisfação! Trabalhar ao seu lado, para mim, é uma honra! — disse-lhe comovida, acrescentando: — Também tenho um presentinho para o senhor e espero que goste.

— Claro que vou gostar e já estou curioso! — respondeu igualmente comovido com o carinho da secretária.

Maria Rita foi até sua mesa e apanhou um pequeno embrulho, retornou à sala do patrão, entregando-o em suas mãos.

— É muito simples, doutor! Espero que lhe seja muito útil! — disse Maria Rita e entregou o embrulho.

Richard, sem jeito, recebeu o presente, abrindo-o na frente dela. Era um livro de mensagens espíritas. Agradecido, mas sem entender o porquê daquela escolha literária, respondeu:

— Muito obrigado mais uma vez! Acredito que me será muito proveitoso! — admitiu sorrindo.

— Também acredito! — concordou ela. — Se em algum momento sentir dúvida sobre que decisão tomar; se porventura o desânimo ou a tristeza lhe forem companheiros e se o medo do desconhecido lhe invadir a alma, abra uma página e leia a mensagem com atenção. Com certeza será o que precisa ouvir no momento. Eu faço isso e sempre dá certo! — concluiu.

— Não me esquecerei dessa recomendação, dona Maria Rita.

Os dois abraçaram-se afetuosamente, trocando votos de feliz Natal e próspero ano-novo. Em seguida, cada um seguiu seu caminho. A secretária voltou para seus afazeres num clima de comunhão com Deus e com seus irmãos espirituais. Tinha uma certeza em seu íntimo de que o patrão necessitava de palavras elevadas e, embora fosse um homem muito cético, em determinado momento seu presente certamente o ajudaria.

Richard aproveitou parte da tarde para entregar as cestas de Natal aos demais empregados. Depois ajeitou outras em seu automóvel e partiu em seguida. O destino seria primeiro a mansão e, posteriormente, a casa de dona Maria, mãe de Anita. Sentia-se bem naquele dia, imaginava ser por causa do Natal. Sempre com esperança que tudo voltaria à normalidade, Richard mantinha a mansão funcionando, com todos os empregados.

"Essa festa sempre mexeu muito comigo, desde criança!", pensou emocionado.

No entanto, o que ele desconhecia era que, do seu lado, no carro, encontrava-se Augusta, instrutora da equipe espiritual de servidores do bem e responsável por outras atividades altruístas em várias colônias espirituais. Ela habitava em plano superior, além de ter sido a mentora da mãe de Richard quando esta, encarnada, tinha uma ligação secular com ambos, mãe e filho. Por isso, acompanhava mais de perto o drama por ele vivido. Ela vibrava em pensamentos de amor e caridade, envolvendo o advogado, e por isso ele sentia-se tão bem, em clima tão harmônico.

Richard estacionou o veículo no jardim da mansão e, antes de cumprir a gratificante tarefa, caminhou um pouco por entre as plantas, sentando-se em um dos bancos existentes ali. Olhava tudo com saudade, lembrando-se do tempo em que era feliz com a família e de como tudo se transformara em tristeza e desunião. Nunca imaginara que um dia atravessaria aquela crise que parecia não ter mais fim.

Continuava divagando quando ao seu lado surgiu a governanta sorridente.

— Atrapalho, doutor? — perguntou meio sem jeito.

— Não mesmo, dona Helena! Estava matando as saudades. Vim ver como estão todos por aqui. Alguma novidade?

— Não, senhor! Mas nada aqui é como era antes! A mansão parece ainda maior sem a sua presença, a de dona Rosana e sem a alegria das meninas! — concluiu tristemente.

— Eu também acho. Estava pensando no mesmo, como éramos felizes nesta casa! Mas outro motivo me traz aqui. Acompanhe-me, por favor! — levantou-se do banco de concreto e, dirigindo-se ao automóvel, abriu o porta-malas e pediu: — Ajude-me a levar estas cestas lá para dentro da casa? Gostaria que a senhora as entregasse a cada um dos empregados em meu nome e de toda a família! É apenas uma pequena lembrança de Natal, uma forma de reconhecimento a tanta dedicação dispensada por todos vocês! — finalizou.

— Não precisava se incomodar! — falou humildemente. — Mas as entregarei, sim, e tenha certeza de que todos adorarão o presente!

— Fico feliz por isso!

Os dois transportaram os presentes até a cozinha, e, depois de acomodá-los, Richard se despediu:

— Tenho de ir. Desejo a todos boas-festas e, se puder, virei no dia de Natal revê-los!

— Desejamos o mesmo ao senhor, às meninas e, se possível, à patroa também! Tem notícias dela?

— Falei com o doutor Carlos, e, segundo ele, Rosana recupera-se devagar. Mas, dentro do quadro, o médico está bem animado. Fique tranquila, vou vê-la hoje ainda e levarei o seu recado de feliz Natal. Agora tenho mesmo de ir!

— Tem certeza de que precisa ir? Posso preparar-lhe aquele lanche de atum, de que tanto gosta.

— Gosto muito, sim! É o meu favorito. Mas hoje tenho pressa mesmo. Na próxima vez aceitarei o lanche. Até logo, dona Helena! — falou apertando-lhe as mãos.

Dali ele seguiu para a mais importante visita daquele dia ensolarado.

Naquela tarde de verão, a brisa refrescante amenizava os efeitos do calor. Augusta, entregue a fervorosa oração, envolvia-o em vibrações de paz. Tudo corria a contento, porém, para que o ambiente continuasse bom, alguns membros do grupo dos servidores do bem, que trabalhavam no socorro aos irmãos em aflição, ficaram no apartamento do dr. Richard, cuidando de Anita para que esta não saísse atrás do desventurado advogado que tanto precisava saborear aqueles instantes singelos e construtivos.

Richard rodou muito por vias e avenidas, atravessou bairros e, cada vez mais distante do ponto de origem, seguia feliz. Admirava a simplicidade das residências localizadas distantes do centro e dos luxuosos bairros em que sempre vivera. Entrou por uma viela de terra batida e, na última casinha, percebeu que chegava ao destino. Era ali mesmo.

Em meio aos olhares curiosos da vizinhança, desceu do carro com a imensa cesta nas mãos e abriu o rústico portão de madeira. A casa era pequena e muito simples, mas ele nem se importou: sentia-se como se, misteriosamente, uma força positiva o envolvesse. Bateu à porta e aguardou um pouco. Não tardou e a conhecida figura franzina atendeu a porta. Surpresa ao vê-lo, logo concluiu o motivo da visita, pela cesta que trazia. Olhou-o com doçura.

— Doutor Richard, o senhor na minha casa? Que honra! Entre, por gentileza, mas não repare, por favor, somos muito pobres!

— Não diga isso, dona Maria! — respondeu estendendo a mão para ela. — É um grande prazer estar em seu lar! Como têm passado todos vocês?

— Como Deus quer. Mas entre, não fique parado à porta!

Atendendo ao convite, ele entrou. Augusta, em espírito, o acompanhava na visita. Richard sentou-se num velho e surrado sofá e, mais à vontade, foi direto ao assunto.

— Vim até aqui saber como estão e para entregar esta singela lembrança de Natal em nome de todos os meus familiares! Espero que não se ofenda com a minha liberdade.

— De jeito nenhum! — respondeu a pobre senhora, honrada com a lembrança. Agradecida, recebeu o presente com imensa alegria: — Linda cesta, muito obrigada, doutor! Sinto-me envergonhada por nada ter para retribuir o belo presente!

— Nem pense nisso! Sua amizade é o melhor presente.

— Está certo! — ajeitando a cesta sobre a mesa, voltou-se em sua direção: — Aceita um refresco de carambolas? São fresquinhas, colhi hoje mesmo! — ofereceu com carinho.

— Aceito, sim. Adoro carambola, deve estar uma delícia o refresco! Há muito tempo que não bebo refresco de carambola.

Dona Maria retirou do armário seu melhor copo, encheu-o e trouxe o refresco para Richard, que o bebeu com enorme prazer, sentindo com sinceridade que jamais provara um refresco tão gostoso e revigorante, elogiando de verdade:

— Seu refresco é maravilhoso, jamais provei igual!

— Obrigada, doutor! Quer mais um pouco?

— Me chame apenas de Richard, dona Maria! — falava enquanto estendia o copo, aceitando a oferta.

Por um grande espaço de tempo os dois ficaram conversando sobre vários assuntos. Entre eles, o do inevitável passado. Foi quando ele se encheu de coragem e perguntou:

— Não quero que a senhora me interprete mal, mas gostaria de saber se lhes falta alguma coisa. Se estiver ao meu alcance, não medirei esforços para atendê-los, pois apreciaria ajudá-los, apesar de saber que nada trará de volta sua filha que cuidou com tanto amor de minhas meninas.

— Agradeço-lhe de todo o meu coração, mas estamos bem, na medida do possível, e nada nos falta! — foi sincera. — A saudade que sinto da minha Anita, a falta que ela nos faz, aos poucos, vamos aprendendo a superar com a fé em Deus! Ele sempre sabe o que faz! — parou por uns segundos, secando uma lágrima no rosto, e continuou: — Ela era jovem, mas tinha muitas fraquezas e defeitos, como todos nós também possuímos. Ela sempre desejou ser uma pessoa rica e desde criança não se acostumava com as privações impostas pelo destino. Às vezes eu achava que havia nascido no lar errado, pois era muito diferente de todos! Ainda assim, nós a amávamos muito, e a forma que Deus a levou feriu muito meu coração e de toda a família.

Richard a ouvia atento, embora emocionado. Seguindo um impulso descontrolado, ajoelhou-se diante daquela senhora franzina, que estava sentada em uma cadeira, e olhou dentro dos seus olhos e acariciou a sua face.

— Me perdoe por deixar que matassem a sua filha daquele modo! Os meus esforços para salvá-la das garras daqueles criminosos não tiveram resultados positivos. E eu não me conformo com isso.

— Não tenho do que perdoá-lo, pois nada neste mundo acontece fora da vontade de Deus. Agora oro por sua alma apenas, sei que é a única forma que possuo de ajudá-la!

— Tem razão! — Richard parecia desconcertado.

— O que mais me entristeceu foi quando o delegado de polícia confidenciou a mim e ao pai dela sobre a gravidez de Anita.

O espanto de Richard foi visível quando ouviu aquela revelação, porque acreditava ter enterrado o segredo junto ao corpo de Anita. O amigo Paulão pedira total sigilo às autoridades e, até então, acreditava que desconheciam a verdade.

"Se ela não tinha um namorado, o que eles pensariam a respeito desse filho?", refletiu, surpreso, o homem, ainda confuso e sem jeito diante daquela senhora.

Dona Maria segurou suas mãos, pousando-as em seu colo, e, com os olhos repletos de lágrimas, olhou fixamente para Richard e lhe perguntou:

— Aquela criança era seu filho, não era?

Ele apenas balançou a cabeça confirmando e se deixou cair em um choro sentido nos braços daquela doce criatura.

Respeitosa, ela esperou Richard se acalmar, então aconchegou-o junto de si e, olhando-o com pena, lhe assegurou:

— Não se culpe, aqui dentro de meu peito eu já sabia da verdade, e, conhecendo bem minha filha, essa criança só poderia ser um meio que ela achou para ajeitar a própria vida. Não pense mal de mim por falar essas coisas sobre ela, mas tenha certeza de uma coisa: Deus sabe exatamente o que faz! Tire a dor do remorso de seu coração e permita que a vida caminhe adiante. É assim que tem de ser. Anita e seu filho partiram, mas você ainda está aqui, pela vontade divina, e por isso deve continuar seu caminho, deixando o passado quietinho, adormecido. Faça como lhe digo, meu amigo, e não se puna mais! — Respirou profundamente e completou: — Ela errou em escolher um homem comprometido para ter um filho. Agindo dessa forma, destruiu o seu casamento. Agora só lhe resta refazer a sua vida para poder cuidar das filhas que Deus lhe deu. Procure ser feliz, doutor Richard.

Sem palavras e sem forças, ele apenas a olhava com profunda admiração e ternura, imaginando como uma pessoa tão humilde e sem cultura poderia ser detentora de tanta sabedoria e poder de persuasão.

Augusta assistia àquele encontro emocionante com o coração elevado e a face molhada pelas lágrimas de exultação ao Criador. Acabara de presenciar uma lição de amor e de humildade, de perdão e de desprendimento.

Mais calmos e refeitos das emoções, a conversa transcorreu amena. Era tarde quando Richard se despediu da mãe de Anita.

— A qualquer hora que precisar de mim, por favor, me procure! Quero que saiba de uma coisa: sinto-me ao seu lado como me sentia com minha saudosa mãe! A senhora tem uma luz magnífica, e estou certo de que as outras pessoas também se sentem assim em sua presença! — Beijando as mãos enrugadas daquela mulher, acrescentou: — Fazia muito tempo que eu não experimentava tanta paz, pareço um pobre menino diante da senhora, tão bondosa!

— Sou como qualquer outra pessoa, cheia de fraquezas e de medos. Também gosto de você, e, quando quiser, minha casa e meus braços estarão sempre abertos! Que Deus o abençoe hoje e sempre! — concluiu dona Maria, bastante comovida.

— Até mais! Tenham um bom Natal! — o advogado deixou a casa sentindo-se mais leve.

Com a alma lavada depois daquele encontro, Richard partiu rumo à clínica para visitar Rosana. Parou em uma floricultura que encontrou no caminho e comprou rosas amarelas para presenteá-la. A noite avançava quando chegou à clínica. Procurou pelo médico, mas ele não estava, então dirigiu-se até o quarto da paciente acompanhado da enfermeira que lhe informava sobre seu estado:

— Nos últimos dias, ela esteve um pouco agitada e foi preciso mantê-la sedada na maior parte do tempo. Incrivelmente, hoje ela despertou mais serena. Mas sem mencionar nenhum nome, nem o das filhas. Esperamos que se recupere.

— Sim, entendo. Posso vê-la por alguns minutos?

— Fique à vontade — disse abrindo a porta.

Richard aproximou-se. Rosana dormia profundamente. Por isso, ele deixou as rosas na cama e, ao lado, seu cartão e o recado de dona Helena, que prometera entregar. Ambos com votos de melhora.

Permaneceu olhando-a em silêncio, apenas lembrando-se do tempo em que era uma mulher linda e alegre. Não entendia por que chegara àquele estado lastimável. Entregara-se totalmente e seria muito difícil trazê-la de volta à vida normal. As filhas precisavam tanto de seu amor, de seu afeto... Era terrível ver aquela cena: Rosana magérrima, quase uma caveira, pálida, apagada, a mente em desordem total. Queria muito trazer as meninas para visitá-la, mas não tinha coragem para deixá-las ver a mãe naquele estado deprimente. Melhor a saudade tendo-a na lembrança forte e saudável do que a visão do que restara dela, porque a mulher que ocupava aquele leito não parecia em nada com Rosana, e sim com outra pessoa.

Num gesto de carinho, beijou-lhe a face e deixou rapidamente o quarto sentindo um aperto no peito e uma culpa lhe queimando a alma.

Chegou ao apartamento bem tarde da noite. Exceto pela visão de Rosana extremamente debilitada naquela clínica, seu dia fora positivo. Entrou no banho lembrando cada momento e emoção experimentada. Não recordava de se sentir tão gente fazia muito tempo.

Faltava ainda entregar os presentes de Fernanda e de Aninha. Precisava providenciar outro para Raquel, porque seria de bom-tom levar-lhe algo, visto que se dedicava tanto às meninas. Resolveria no dia seguinte e aproveitaria para convidá-las para um almoço no dia de Natal. Sentia um cansaço diferente e, estranhamente, estava feliz. Nem reconhecia a si próprio, pois nunca se preocupara em ser cordial e humilde com as pessoas que lhe serviam e tampouco com pessoas simplórias, como dona Maria. Outro Richard surgia mansamente, e a sensação era absolutamente boa. Em contato com essas pessoas, aprendera preciosa lição de vida: todos estão sujeitos a enfrentar dores, temores e desencontros emocionais.

Anita passou todo aquele tempo sob os cuidados dos irmãos espirituais e envolvida em vibrações calmantes que a impediam de pensar em vingança. Parecia anestesiada e incapaz de agir em favor da própria fúria. Ouvia os pensamentos de Richard e se espantava com o que fizera sem que ela soubesse. Sentiu-se rejeitada e esquecida ao saber que estivera em visita na casa da sua mãe. Repentinamente foi tomada pela saudade de sua mãezinha, a que tanto maltratara com sua frieza e arrogância. Remeteu-se ao passado, quando tinha apenas seis anos, e ela, com os poucos recursos, deixava de se alimentar para que sobrasse para os filhos o pão e alguns centavos para que pudesse comprar cadernos e lápis para que estudassem. As palavras da mãe ainda ecoavam na consciência:

— Não quero que vocês sejam como eu e seu pai, que mal aprendemos a assinar os nomes! — dizia decidida e esperançosa quanto ao futuro dos filhos. E com brilho no olhar, dirigia-se à sua única filha: — Meu sonho é que se torne professora!

Lembrando-se de algumas passagens de sua infância difícil, mas protegida, Anita chorou tristemente, sem se dar conta de que, ao seu lado, Augusta a envolvia espiritualmente em vibrações de amor e paz.

Muito fraca para reagir, Anita não lutava contra as saudosas recordações. Todavia, não esquecia que desencarnara de forma tão cruel, no auge da juventude.

Augusta conseguiu, em sintonia com os espíritos benfeitores que a acompanhavam, envolvê-la em tamanho cuidado, que a fez se afastar de Richard pelo resto da noite, poupando-o das penosas perseguições.

No dia seguinte, no escritório, fizeram uma pequena reunião de encerramento, e, logo depois do meio-dia, todos foram dispensados para só retornar após a passagem do ano. O advogado aproveitou a antevéspera natalina para comprar um bom perfume para Raquel. Retornou ao apartamento para apanhar os presentes das filhas e, em seguida, partiu para visitá-las.

A casa estava toda enfeitada para a mais bonita festa. Foi recebido pela cunhada e pelas filhas saudosas. "Se Rosana estivesse mais forte e em casa, seria na mansão que deveria estar naquele dia tão especial", pensou Richard.

Entregues todos os presentes e vendo que as três aprovaram a escolha, Richard fez o convite.

— Que tal irmos todos almoçar num restaurante chique no dia de Natal? Você e seu marido também estão convidados! — falou dirigindo-se a Raquel.

— Iremos com certeza, mas com uma condição: que venha cear conosco amanhã, véspera do Natal! Assim também aproveitaremos para colocar a conversa em dia e desfazer todo mal-entendido — insistiu ela. — Aliás, gostaria de falar-lhe em particular, pode ser?

— Sim, é claro!

O pai pediu às meninas que fossem guardar os presentes recebidos, assim eles poderiam conversar mais à vontade.

Quando estavam somente os dois, Raquel não perdeu tempo, porque nunca tinha sido mulher de fazer rodeios.

— Richard, nós dois nunca simpatizamos muito um com outro. É bem verdade que sempre nos provocamos, aumentando ainda mais a distância existente. Porém, vendo minha irmã naquele estado lastimável, as meninas separadas do convívio da família; enfim, o casamento de vocês destruído, sinto-me responsável também... Por esses motivos, queria pedir-lhe desculpas e dizer que de minha parte já esqueci tudo o que me disse em nossas discussões, principalmente na última que tivemos — pediu Raquel, que, pela primeira vez, conversou com cordialidade, medindo as palavras e mantendo-se altamente controlada, coisa que não era de seu feitio.

Ele, surpreendido com o que ouvia, encontrou naquele instante uma boa oportunidade para dar-lhe umas alfinetadas e enumerar as diversas ocasiões em que ela se intrometera em seu casamento provocando até as desavenças conjugais. No entanto, também queria e precisava zerar as diferenças e pôr um fim a tantos atritos. Percebera nesses derradeiros dias que era mais viável viver em paz com todos e, para tal, deveria deixar as acusações e as mesquinharias de lado. Assim, respondeu-lhe com franqueza:

— Concordo com você, mas eu, igualmente, tive muita responsabilidade no rumo que levou nossa vida. Fui leviano e desonesto com a sua irmã. Ela não merecia. Por isso, hoje estou sofrendo o resultado dos meus erros. As maiores prejudicadas foram Fernanda e Aninha, que sofrem sem a mãe por perto. Por outro lado, você tem preenchido o vazio deixado na vida delas. Sou eternamente grato a você, e, se depender de mim, daqui por diante viveremos momentos de paz, pois somente depois de perdê-la é que aprendi a lhe dar o devido valor. Mas algo me diz que Rosana se recuperará e ainda a verei feliz junto das pessoas que mais ama.

— Também sinto o mesmo! Então me dê um abraço, aproveitando o clima natalino, e assim selaremos a paz em nossa família!

— Concordo com você! — respondeu abraçando-a, depois de anos de desentendimentos.

— Quero aproveitar a chance para agradecer-lhe por deixar as meninas aos meus cuidados, pois as amo muito!

— Sei disso, Raquel. E elas não poderiam estar em melhor companhia.

— Obrigada, Richard! Agora vou chamá-las de volta. Elas estavam morrendo de saudades de você.

— Sim, quero despedir-me delas e amanhã estarei aqui com vocês comemorando o Natal.

— Aguarde um momento e já volto com as duas! — saiu da sala.

Passaram juntos a véspera de Natal. No dia seguinte, almoçaram todos num restaurante. O clima estava muito tranquilo e familiar, mas Fernanda tinha uma expressão um tanto triste, e, vendo-a assim, Richard a abordou.

— O que há com você, minha princesa?

— Saudade da mamãe, eu queria vê-la! — disse a menina ao pai.

— Imagino que sim. Olha, minha menina, vou falar com doutor Carlos, e, se ele achar que ela já pode receber visitas, as levarei até a clínica ainda esta semana, eu prometo! Agora coloque um sorriso nesse rostinho lindo! — falou com carinho.

— Assim está bem! — Fernanda sorriu. — Mas não se esqueça de falar com o médico, papai!

— Confie em mim! — beijou a face da filha amada.

Retornaram para casa ao entardecer. Raquel e o marido foram antes. Pai e filhas aproveitaram para passear. Fazia meses que não saíam juntos. E quando as meninas pareciam exaustas de tantos passeios, Richard as levou de volta para a casa da tia.

Anita prosseguia acompanhada constantemente pela equipe espiritual de Augusta, durante toda a passagem da comemoração natalina. Aproveitaram que ela abrira um pouco a guarda naqueles dias e a levaram para casa de sua família. Por influência deles, a jovem desencarnada vinha pensando muito na figura materna.

Compartilhando aqueles momentos ao lado da família, Anita descobriu o quanto era importante para eles, porque durante todo o tempo que festejavam, recordaram-se dela com carinho e saudades. Dona Maria colocara uma fotografia da filha sobre a mesa da cozinha, e a todo o momento lhe falava com amor. Anita comoveu-se com tal gesto de amor. Na noite de Natal, quando todos já haviam se recolhido, a mãe sentou-se à mesa de frente para o retrato e falou com carinho, contando as novidades, como se a filha estivesse mesmo à sua frente.

— Minha filhinha amada, sabe quem veio me visitar por esses dias? Richard... É assim que ele quer que eu o chame. É um bom homem, tem nos auxiliado muito desde que você partiu para os braços de Deus. Ele ainda sofre por causa da criança que você esperava. Como ele tentou salvá-la, filhinha, porém era chegada sua hora de partir, por isso os esforços que ele fez não deram os resultados esperados. Ele chorou muito em meus braços quando falamos de você e do bebê; fiquei com tanta pena dele! Mas como não podemos contestar a vontade divina, só nos resta orar, pedir a Deus que cuide bem de você. Tente acertar seu caminho no bem,

Anita! Não sofra mais cometendo erros e produzindo enganos. Trilhar o caminho do amor fraterno é o melhor remédio para nossa alma. Então me prometa que será uma boa menina para o Papai do Céu, minha filhinha. Nós a amamos muito e queremos senti-la feliz em sua nova morada — finalizou dona Maria em lágrimas, sem suspeitar que estava sendo inspirada por um espírito iluminado.

Um misto de ternura, dor e certo grau de arrependimento invadiram Anita naquele momento ao saber da verdade.

— *Ele tentou me salvar das mãos dos meus algozes... Também sofreu por minha morte...*

O choro lavava os últimos resquícios dos erros cometidos. Descobriu como era cruel e leviana, como as amarguras a impediam de ver como errava no julgamento. Tal descoberta iluminou sua alma. Arrependida, suplicou:

— Mamãe, perdoe-me por tudo! Oh, meu Deus, como errei em agir conforme as minhas crenças! Me perdoa também, Pai Amado! — proferiu cada palavra com sinceridade, abrindo naquele instante a possibilidade de receber socorro espiritual.

A equipe que a acompanhava vibrou de emoção ao perceber que os esforços estavam apresentando os primeiros resultados. Abraçaram-se entre si, agradecendo em oração a Deus por mais aquela conquista de amor. Aproximaram-se e, envolvendo-a carinhosamente, levaram-na para um posto de socorro.

Anita necessitava, antes de tudo, de cuidados com os ferimentos. Eles apostavam no sucesso daquela filha perdida que acabava de encontrar o caminho para a verdadeira casa. Não obstante, a mente dela ainda sofria pelo desequilíbrio, e suas reações ainda eram inesperadas, ou seja, imprevisíveis. Somente o contato com uma nova realidade vibrante e elevada poderia ajudá-la em uma mudança definitiva.

No posto de socorro próximo à Terra, Anita recebeu todos os cuidados, acompanhada por abnegados irmãos espirituais e por sua avó Madalena, que vibrava de felicidade e fé com os primeiros passos da neta para a reforma íntima. Por meses — de acordo com o calendário terrestre — foi envolvida em fluidos calmantes, constantemente adormecida.

Capítulo 10

O atropelamento

O novo ano começara sem as influências perversas de Anita sobre os Pamplonas. O apartamento agora vivia em plena harmonia. Richard havia contratado uma senhora para cuidar da limpeza e também para fazer comida. Dona Lúcia era o nome dela, pessoa muito humilde, mas com a simplicidade que cativava qualquer um. Às vezes ela trazia a sobrinha para ajudar, porém era uma forma de incutir um pouco de responsabilidade na garota. Rosana pouco a pouco se recuperava do difícil quadro que a tirara de circulação afastando-a do mundo. Faltavam apenas dois dias para receber alta, e a notícia trouxe alegria e sossego para a família. Um jantar foi marcado em comemoração ao fim daquela agonia. Fernanda e Aninha não cabiam em si de contentamento por causa do retorno da mãe, marcado para o fim da tarde. Richard e Raquel iriam buscá-la, e, mesmo com o divórcio, a relação com sua ex-esposa não era mais tão fria. Ele fazia questão de estar presente naquele momento, visto que era primordial para as crianças que a relação entre os dois se mantivesse amigável.

Havia visitado Rosana algumas vezes durante o tempo em que estivera internada e acompanhou sua gradativa melhora. Manteve a atitude caridosa de não abandoná-la no período tão delicado e, sem saber, contribuiu para uma aproximação, estreitando mais e mais os laços de amizade entre os dois. Fora tudo o que sobrara depois de anos vivendo como marido e mulher. O esforço era fruto de sua mudança interior, obtida graças à inspiração dos benfeitores espirituais, empenhados em ajudá-lo. Durante o repouso do corpo, quando o sono o encaminhava ao leito, os amigos espirituais o conduziam, em espírito, até uma casa espírita, onde, em estado de emancipação da alma, ouvia palestras renovadoras. É claro que ele não tinha lembrança das reuniões, apenas vivia uma fase mais amena em sua vida depois de todas as tempestades que haviam desabado sobre ele. Tais modificações lhe faziam muito bem, pois passou a dar mais importância às pequenas coisas e a certos valores morais esquecidos.

A vida começava, pouco a pouco, a voltar ao seu ritmo normal. O tempo foi passando, e o dia a dia daquelas pessoas foi se normalizando.

Richard tornou-se mais presente na vida das filhas, e, assim, elas iam se tornando mais fortes e maduras. Rosana melhorava cada vez mais, sem ter nenhuma recaída. Tornou-se mais decidida e dinâmica. Iniciou uma assistência espiritual com um grupo de apoio e de convivência, em que os participantes se ajudavam mutuamente partilhando seus dramas e transformando a própria vida. Para evitar a locomoção de Rosana, as reuniões eram feitas na própria mansão.

Certo dia, Richard, em visita à mansão, foi bem recebido pelo grupo. Rosana transmitia muita serenidade na companhia dos novos amigos. Convidado a juntar-se ao pequeno grupo composto de cinco pessoas, o advogado logo descobriu o quanto eram pessoas especiais.

— Este é o Richard, pai de minhas filhas! — Rosana levou-o para cumprimentar cada um deles. — Esse é o Sérgio, a Marina, a senhora Marlene, o Flávio e o Garibaldi, são todos participantes do grupo de que lhe falei. Semanalmente nos reunimos, pois formamos um grupo que se dedica ao estudo do Espiritismo — disse entusiasmada. — Temos aprendido muito e encontrado respostas para os inúmeros questionamentos.

— Que maravilha! Vejo que realmente você está ótima, e fico muito feliz por isso — respondeu com sinceridade, mas sem se interessar muito pelo Espiritismo, embora visse no semblante dela que aquele grupo lhe fazia muito bem.

— Quer se juntar a nós para ouvir algumas explanações acerca da vida de Jesus? Será um prazer tê-lo conosco — o convite foi aprovado por todos ali presentes.

— Agradeço com sinceridade, mas deixarei para outra oportunidade! Estou aqui para ver as meninas e não tenho muito tempo, porque preciso voltar logo para o escritório — desculpou-se.

— Está certo! Quando se interessar pelo assunto, venha conhecer um pouco mais das verdades eternas no estudo que promovemos. Reunimo-nos aqui todas as quintas-feiras às duas horas da tarde! Também participamos de reuniões na casa espírita no bairro vizinho, uma vez por semana, onde começarei a fazer um trabalho voluntário de alfabetização de idosos. Lá todos podem dar um pouco de si na prestação de serviços aos mais necessitados; se um dia você quiser também participar, ficaremos muito satisfeitos.

— Pode deixar, não esquecerei — disse isso e despediu-se de todos, deixando-os à vontade. Saiu feliz por ver que as mudanças em Rosana eram visíveis e positivas. Para ele, era recompensador vê-la refazer sua vida depois de tantos sofrimentos.

O advogado precisava retornar rapidamente para o trabalho e deixou a mansão exultante. Fernanda e Aninha estavam como antes, alegres e protegidas. Surpreendera-se com a mudança radical e contagiante da mansão como um todo. Bem como o grupo de estudo religioso, os demais que frequentavam a casa espírita eram todos fontes renovadoras na vida delas. Algum tempo antes não poderia supor que presenciaria Rosana falando com tanta firmeza sobre religião. Portanto, alguma validade havia em tudo aquilo, considerando que ele mesmo vinha se modificando para melhor. Antes, era um pai ausente, mesmo quando morava com a família. Agora, ao contrário, sentia prazer e necessidade de estar perto das filhas e vê-las crescer — enfim, de acompanhar cada fase do crescimento de ambas. Os pensamentos voavam, as reminiscências o transportavam para outro tempo.

Ele transitava próximo da avenida Paulista e faltavam poucas quadras para chegar ao trabalho. Em uma curva, o destino o aguardava para novas descobertas, outros caminhos. De súbito, surgiu na sua frente uma jovem que atravessava sem olhar para os lados. O choque foi tão rápido que não teve tempo de frear nem de obedecer a seus reflexos; um estrondo foi tudo o que ouviu. Segundos depois, a moça caiu desfalecida. O pisca alerta do automóvel foi ligado. Parou no meio da pista interrompendo o trânsito, correu ao encontro da vítima para tentar socorrê-la. Muito nervoso, ele temia o pior. Curiosos formavam um círculo. Richard ajoelhou-se, colocando seu ouvido próximo ao tórax, então se certificou de que o coração da jovem ainda batia. Em pensamento, manifestou sua alegria: "Graças a Deus ela está viva!".

Aflito, gritou por socorro para a multidão de espectadores. Um homem de meia-idade surgiu informando:

— Já chamei o socorro, senhor! Eles pediram para não removê-la do local até a chegada da ambulância.

— Não faremos nada até que eles cheguem! Obrigado, senhor!

Em poucos minutos o socorro chegou, abrindo espaço por entre a multidão. A jovem permanecia desacordada, Richard, ao seu lado. Depois de imobilizada, recebeu os primeiros socorros e foi levada para a emergência do hospital mais próximo. Durante o percurso, Richard ligou ligou para o escritório explicando o que acontecera e pediu para a secretária desmarcar todos os seus compromissos.

Ainda aflito observava a jovem, que aparentava ter pouco mais de vinte anos de idade, cabelos louros e pele muito clara.

"Qual seria seu nome?", pensou. "Só agora consigo ver como ela é bonita! Espero que a colisão não tenha lhe causado ferimentos graves..."

Enquanto era removida para a sala de exames, o advogado ficou na portaria do hospital concluindo a internação da acidentada.

O tempo passava sem nenhuma notícia. Aflito, andava de um lado para outro, quando, de repente, avistou um médico vindo em sua direção. Ao vê-lo aproximar-se, o advogado se apresentou.

— Acredito ser o médico que atendeu a jovem atropelada... Sou Richard Pamplona, fui eu quem a atropelou — sem esperar a afirmativa do médico, ele continuou: — Pode me informar qual é o quadro clínico dela?

— Acalme-se. Sou o médico que a atendeu e posso assegurar-lhe que não houve nenhum trauma mais preocupante, apenas algumas escoriações e uma luxação no pulso esquerdo. Porém, o choque da cabeça contra o chão foi um tanto considerável, por isso, decidimos mantê-la aqui em observação pelas próximas vinte e quatro horas. É o procedimento recomendado nesses casos e uma forma de precaução apenas — educadamente respondeu.

— Entendo, doutor Ivo — esse era o nome gravado no crachá que o médico usava.

— Ela está acomodada no apartamento 404, no quarto andar, e se quiser poderá vê-la. Seu nome é

Andreia, tem vinte e quatro anos. São esses os dados que encontramos nos documentos da paciente. Estarei de plantão até as sete horas da noite, caso queira mais informações. As enfermeiras também poderão lhe ajudar se for preciso — o médico informou; deu um aperto de mão e depois sumiu pelo imenso corredor sem esperar resposta.

Richard dirigiu-se para o local indicado. Andreia estava sedada para que não sentisse dores. Ele se sentou na poltrona ao lado do leito e, com uma revista nas mãos, aguardou o momento para falar com a jovem. Muitas horas se passaram e ela continuava dormindo, mas de vez em quando gemia e tentava virar-se. Nesses momentos, Richard preocupava-se, mas a linda mulher logo voltava a adormecer.

Era tarde da noite e ele ainda permanecia na poltrona. Vencido pela expectativa e pelo cansaço, também adormeceu. Desprendeu-se do corpo e, em espírito, encontrou-se com Andreia e outra senhora, cujo semblante lhe parecia familiar. Elas conversavam, mas de repente a jovem virou-se na direção dele. Ela sorria, com os olhos e com a alma, deixando-o deslumbrado diante de rara beleza e docilidade. A criatura que vislumbrava parecia mais um lindo anjo: ficaria para sempre gravada em sua memória. De repente, aquela senhora tão iluminada a conduziu para junto dele e falou com suavidade:

— Eis aqui, minha filha, aquele que você tanto esperava! — olhando para os dois, se afastou discretamente.

Nesse instante, Richard acordou assustado lembrando-se do estranho sonho. Voltou-se para o leito e viu Andreia sentada e bastante confusa, olhando-o sem nada entender. Meio sem jeito, ele levantou, ajeitando-se.

— Como você se sente? Meu nome é Richard. Você atravessou a avenida repentinamente e eu não pude frear o veículo — tentou iniciar uma conversa.

— Sim, desculpe-me o acidente. Agora estou me lembrando de tudo. Fui muito imprudente e, na pressa, nem prestei atenção antes de atravessar.

— Percebi que estava apressada mesmo! Mas você precisa tomar mais cuidado, o choque poderia ter sido grave e trazido maiores consequências.

— Tem razão! Tomarei mais cuidado no próximo acidente — ela respondeu bem-humorada.

— Já pensa no próximo, menina? Nem se refez deste — Richard achou graça e derreteu-se diante daquela doce criatura.

— Esse é o primeiro, terei mais atenção, quem sabe tenha um próximo.

— Nem pense nisso! — era sincero e já simpatizava muito com aquela jovem sorridente. — Mas me diga, como você está agora? Sente alguma dor?

— Minha cabeça dói e todo o resto do corpo, parece que saí de dentro de um liquidificador! — ria a jovem ao relatar seus sintomas.

— Você tem um ótimo senso de humor! Admiro essa virtude! — confessou. — Mas espere um momento, chamarei a enfermeira.

— Sim, obrigada! — ela ajeitou-se no leito.

Richard retornou poucos minutos depois, acompanhado de uma enfermeira, que conferiu o prontuário, verificou a pressão, a temperatura e colocou analgésico no soro que Andreia recebia. Depois dos procedimentos, perguntou:

— Sente fome? Posso mandar trazer um copo de leite e alguns biscoitos para você!

— Vou aceitar, sim! — concordou a jovem.

— Daqui a pouco trarão o lanche para você! Suas dores vão passar em alguns minutos. Com licença!

— Obrigada, enfermeira!

Richard, calado, observava a jovem que atropelara, ponderava sobre a possibilidade de ser obra do destino, porque algo em seu íntimo prenunciava que Andreia ficaria para sempre em sua vida.

Ela, por sua vez, aguardou a enfermeira se retirar e indagou:

— Por que me trouxeram para um quarto particular? Não tenho recursos para isso, deveriam ter me levado para a enfermaria — confessou meio sem jeito.

— Eu pedi que a colocassem aqui, e não deve se preocupar com nenhuma despesa. Fui eu o responsável por você estar aqui, por isso arcarei com os custos.

— De jeito nenhum! Não posso aceitar.

— Não quero discutir com você! Amanhã, na parte da tarde, você terá alta, então é justo que seja bem atendida, faço questão!

— Mas como poderei reembolsá-lo? — quis saber preocupada.

— Recuperando-se logo — replicou ele sorrindo. — E não se fala mais sobre isso.

— Tudo bem, do que falaremos então?

— Fale um pouco de você, de sua vida — ele se mostrava bastante interessado em conhecer melhor aquela linda mulher.

— Minha vida não tem quase nada de especial. Moro aqui em São Paulo há pouco mais de dois anos, sou do Sul do país, de Santa Catarina, meus pais ainda moram lá. Até o mês passado eu era secretária de uma construtora. Estudo arquitetura na Universidade de São Paulo e resido próximo daqui, em um pequeno apartamento.

— Entendo. Mas você vive só? Tem alguém especial por aqui?

— Vivo sozinha e não tenho ninguém especial em minha vida. Estava comprometida quando ainda vivia em minha cidade, mas tudo acabou logo que mudei para cá. Ele era meu noivo e muito possessivo. Não aceitava ficar longe de mim por muito tempo e, como meu sonho sempre foi a arquitetura, preferi acabar com o relacionamento antes que viessem as cobranças, o desgaste...

— Faz sentido — disse aliviado ao saber que o coração dela estava livre.

— Se faz sentido eu não sei. Apenas compreendo que nossas vidas são feitas de escolhas e eu fiz as minhas — foi convicta em sua resposta.

— É uma grande verdade o que acaba de dizer! Às vezes as escolhas não são as melhores, mas o importante é que são nossas escolhas e assim arcarmos com as consequências.

— Isso mesmo!

— Mas o que a fez atravessar aquela rua sem nenhuma atenção? — perguntou, querendo saber mais, saber tudo sobre ela.

— Estava correndo para pegar o banco ainda funcionando. Minha mãe está muito doente e eu iria fazer-lhe um depósito para custear um exame que ela necessita realizar com urgência, por isso nem olhei para os lados, foi um erro.

— Se tivesse prestado atenção ao atravessar aquela avenida, eu não a atropelaria e agora não estaríamos aqui, nem teríamos nos conhecido — concluiu. — Mas o que tem a sua mãe?

— Ela é cardíaca e tem outros problemas de saúde.

— Posso ajudá-la? Afinal de contas, eu interrompi seu trajeto até o banco.

— Não se preocupe com isso. Assim que eu tiver condições, farei o depósito! — respondeu com firmeza.

— Eu faço questão! Quero que me diga o número da conta que eu farei o depósito.

— Por favor, Richard, não aceitarei! Desculpe-me, mas já está fazendo muito por mim!

— Falaremos sobre isso amanhã, quando estiver de alta, pode ser?

— Assim fico sem jeito! Mas agora quero saber um pouco de você também! Já falei muito de mim — disse ela olhando em seus olhos e sorrindo.

— Meu nome é Richard Pamplona, sou advogado e trabalho para uma multinacional. Sou divorciado e tenho duas filhas: Fernanda e Ana, que são as pessoas mais importantes de minha vida. Também moro sozinho, trabalho muitas horas por dia e não tenho ninguém especial no momento! Só isso. Minha vida é sem graça e monótona — confessou. — Você me falou que trabalhava como secretária, concluo que está desempregada. Certo?

— Sim, estou! E procuro um novo emprego.

— Se me permitir, eu posso ajudá-la. Tenho vários amigos e eles podem estar precisando de secretária ou saber de alguém que precisa.

— Esse tipo de ajuda aceito de bom grado! — respondeu agradecida.

— Então me dê seu telefone para que eu possa entrar em contato com você — ele anotou os números que ela lhe passou. — Deixe comigo, você logo estará trabalhando.

— Tomara, Richard, nem sei como agradecer-lhe.

— Não precisa agradecer — nesse ínterim chegou o lanche de Andreia. — Já está muito tarde! Você precisa descansar, e eu tenho de voltar para casa. Amanhã estarei aqui para buscá-la, tudo bem? — comentou sem ter vontade de sair de perto daquela doce criatura.

— Estarei esperando-o. Foi um prazer conhecê-lo!

— Idem! Ligarei para você pela manhã para saber como passou a noite, e trate de descansar bastante. E nem saia por aí atravessando avenidas, viu? — chegou próximo dela e acariciou sua mão ao se despedir: — Boa noite, menina!

— Boa noite, Richard, e obrigada por tudo! — ao toque dele sentiu um frio percorrer todo o seu corpo.

Ele a deixou e voltou feliz para o apartamento. Envolvido demais, percebeu-se realmente apaixonado. Era amor à primeira vista, mas tinha a impressão de conhecê-la há muito tempo, a vida inteira.

No dia seguinte, acordou cedo. Tinha descansado bem e aquela estranha sensação de ter sempre alguém vigiando-o havia finalmente cessado. Vivia uma fase mais tranquila. Pensava em Andreia, queria saber como ela havia passado a noite no hospital e se as dores ainda a incomodavam, mas ainda era muito cedo para ligar, aguardaria até chegar ao escritório. Tomou um rápido café da manhã e saiu apressado.

O trânsito, como em todos os outros dias, estava péssimo, mas estranhamente não ficou nervoso, porque seus pensamentos estavam ligados naquela linda jovem que atravessara literalmente o seu caminho. Dirigia e sorria o tempo todo, lembrando-se do humor descontraído dela e, quando percebeu, estava diante do edifício onde ficava o escritório. Foi dominado por uma forte vontade de ir até o hospital, com a intenção de revê-la, mas conteve-se.

Logo que chegou o horário apropriado, ligou, e, quando a jovem atendeu, o coração disparou apressado.

— Bom dia! Quem fala?

— Bom dia, Andreia! É o Richard, como passou a noite?

— Muito bem, obrigada! E você, dormiu bem?

— Dormi maravilhosamente bem, como fazia muito não dormia.

— Que bom ouvir isso! — respondeu contente a jovem.

— Sua alta está prevista para as 16h30. Aguarde-me, por favor, irei buscá-la como foi combinado.

— Aguardarei, sim. Adiantaria contrariá-lo?

— Jamais! — respondeu rindo francamente.

— Então até a tarde, Richard!

— Até lá. Se precisar ou sentir algo, ligue-me, por favor!

— Sem dúvidas. Um beijo, Richard.

— Outro para você e se cuide! — encerrou imaginando beijá-la pessoalmente.

O restante do expediente transcorreu bem, e uma hora antes da alta prevista de Andreia, ele saiu apressado do trabalho, sem ao menos se despedir de Maria Rita.

Chegando ao hospital, certificou-se da alta e subiu logo para o quarto. Parecia um adolescente apaixonado, pois seu coração dava pulos e cambalhotas no peito, dando a impressão de que sairia pela boca a qualquer momento.

Foi recebido com um lindo sorriso. Ela o aguardava sentada na poltrona.

— Já estou pronta, esperava por você!

— Se está tudo pronto, podemos ir embora. O médico passou alguma medicação? Fez alguma recomendação? — quis saber.

— Sim, receitou medicamentos e recomendou-me alguns dias de repouso.

— Deixe a receita por minha conta. Antes que diga alguma coisa contrária, eu não aceito recusa! — disse categórico.

— Sim, senhor! — respondeu rindo do jeito dele.

— Então vamos, menina! — pegou Andreia pelas mãos, ajudando-a a ficar em pé. Frente a frente, seus olhos se encontraram pela primeira vez, fazendo com que os dois sentissem uma emoção diferente.

— Vamos, sim! — disse apenas.

Saíram abraçados e caminhando lentamente. No automóvel, antes de dar a partida, o advogado propôs:

— Tive uma ideia. Dona Lúcia é como se fosse minha segunda mãe. Ela reside comigo, cuida do apartamento, das compras, prepara as refeições, faz tudo com capricho. Ela é viúva, idosa, mas às vezes acho que é mais saudável do que eu. O apartamento é grande, uma sobrinha dela ajuda, uma vez por semana, na limpeza e na arrumação. Reservei um quarto para visitas. Você poderia seguir a recomendação médica em minha casa, descansar conosco. Posso conversar com a dona Lúcia e, tenho certeza, ela cuidará de você como de uma filha. Não me leve a mal, ficarei feliz em tê-la como hóspede. O prédio está localizado em um bairro tranquilo. O shopping center fica a algumas quadras, dá para ir a pé, passeando. O que acha? A comida da dona Lúcia é caseira, uma delícia, mas se quiser alguma coisa especial, ela também pode fazer. Você vai adorar os pastéis que ela serve com suco de graviola...

— Não quero incomodar, Richard — ela respondeu, mas ficou ansiosa para aceitar o convite.

— Será um prazer, e, por outro lado, eu me livrarei de vez da culpa de tê-la atropelado. Por favor, aceite meu convite!

— Aceitarei, então. Porém antes gostaria de passar em minha casa para pegar algumas roupas e objetos pessoais.

— Seu pedido é uma ordem! — ele brincou. Richard nunca fora assim, tão bem-humorado com alguém, e Andreia tinha esse poder, de fazer florescer o melhor dele.

Conversaram sobre tudo e, cada vez mais, eles descobriam as inúmeras afinidades, combinavam em quase tudo e isso impressionava ambos.

De repente, Andreia fechou os olhos e ficou em silêncio. Ele a observava curioso, mas preferiu não incomodá-la. E quando ela tornou a abrir seus olhos, não se conteve.

— Está se sentindo mal?

— Não, estou bem. Apenas orava a Deus, agradecendo por tudo de bom que tem acontecido comigo!

Poder conhecer um homem tão especial como você é um desses presentes que recebi dele.

— Você me deixou emocionado agora — ele a olhava profundamente.

Sentia que aquele era um momento especial. A intuição lhe dizia que alguém muito importante faria parte de sua vida. Estava quase certa de que esse alguém era Richard.

— Andreia, eu não tenho religião, e você?

— Sim. Eu sou espírita desde criança, meu pai é médium e trabalha em uma casa espírita lá no Sul, e eu sempre o acompanhava nas reuniões doutrinárias.

— Já ouvi falar do Espiritismo algumas vezes, mas nunca me interessei — falou, um pouco constrangido pelo fato de Rosana tê-lo convidado para o grupo de estudo.

— O Espiritismo, além de ser uma religião, é filosofia e ciência. Nele encontramos explicações para muitos questionamentos comuns acerca da vida e dos sofrimentos, das dores e das diferenças existentes no mundo. Entendemos também que vivemos dentro das Leis de Deus, dentre elas, uma chamada de Causa e Efeito, como, na Física, a Lei de Ação e Reação, que diz que tudo o que vai vem de volta... É também uma religião que se fundamenta na moral cristã e que acredita na reencarnação, na comunicação com os espíritos, e todos esses fenômenos são explicados e comprovados cientificamente.

— Parece interessante — comentou o advogado demonstrando interesse.

— Mais do que isso, é fundamental para a humanidade. Se você quiser, um dia posso levá-lo à casa que frequento. Acho que vai gostar muito de lá!

— Quero sim, vamos combinar um dia — respondeu. — Mas tem outro assunto que eu também gostaria de saber: o depósito que faria para sua mãe, posso fazê-lo para você?

— Não se preocupe com isso, por favor. Eu mesma farei dentro de alguns dias. Liguei para minha mãe do hospital e já acertei tudo com ela.

— Você é quem sabe, mas se mudar de ideia...

— Certo, Richard, agradeço sua preocupação. E como eu disse: você é um homem muito especial mesmo!

— Assim ficarei convencido! — falou brincando. Ele olhou para o GPS, que deu um sinal. — Chegamos!

— Sim. É aqui que moro, no décimo andar — falou apontando para um prédio simples e antigo. — Você me aguarda no carro? Não me demorarei.

— Fique o tempo que precisar, mas você não vai precisar de ajuda para ir até lá?

— Não se preocupe, estou bem e não demorarei! — fechou a porta do automóvel entrando em seguida no prédio.

Ele estava encantado com aquela doce mulher.

"Passar alguns dias na companhia dela será muito bom para conhecê-la melhor", pensou.

Augusta o envolvia em agradáveis vibrações. Desde a desencarnação de Anita, dedicava mais atenção a ele e rogava a Deus pelo reencontro daquelas almas. Finalmente era testemunha da bondade divina. Radiante, sentia que uma nova fase iniciava-se na vida dos dois.

Enquanto isso, a colônia espiritual onde habitavam os servidores do bem recebia uma nova moradora: Anita.

Depois do período se recuperando no posto de socorro, ela recebeu, além dos cuidados, uma nova oportunidade de aprendizado, que, grata, abraçou com boa vontade. Desde que se arrependera dos erros cometidos, aprendera bastante sobre sua nova condição. Por fim, aceitara a oportunidade de iniciar uma nova etapa em sua caminhada evolutiva. Vencera a primeira fase e, agradecida pela caridade que recebera, mudara-se para seu novo lar.

Capítulo 11

A revelação

Os dias que Andreia passou na companhia de Richard, além de servirem para se recuperar do acidente, foram primordiais para se conhecerem mais profundamente. Nasceu entre eles um grande amor. Dessa vez ele estava certo de que encontrara a mulher ideal.

Juntos fizeram planos para um futuro, e tudo indicava que a realização deles estava bem próxima. Richard se beneficiou com o aprendizado sobre o Espiritismo, e, graças ao incentivo da amada, passou a se interessar e a entender o real valor das Leis Divinas. Andreia o presenteou com uma das Obras Básicas da doutrina, *O Livro dos Espíritos*, e com isso Richard iniciou uma nova etapa, mais consciente de todas as questões humanas e divinas que, até então, não lhe interessavam.

Era uma noite de quarta-feira e Andreia tinha compromisso assumido com a casa espírita que frequentava. Sentindo-se mais disposta desde o atropelamento, resolvera voltar às suas funções, que exercia com amor e comprometimento, no recanto de orações. Convidou Richard para acompanhá-la e conhecer de perto o funcionamento dos trabalhos. Completamente envolvido pela nova visão que a Doutrina dos Espíritos lhe abria, o advogado sentia-se gratificado pelo conhecimento que adquiria e, de imediato, aceitou alegremente o convite.

A caminho do destino promissor, ela lhe explicava como os trabalhadores encarnados e os desencarnados agiam nas assistências e também quando não havia reuniões abertas ao público.

Chegaram ao local com bastante antecedência, porque Andreia precisava se preparar para as atividades daquela noite. Ele, vendo-se naquela casa, foi invadido por um bem-estar imenso, com a impressão de que já estivera naquele lugar e, surpreendido com a súbita sensação, comentou:

— É incrível o que sinto neste instante. Tenho a nítida impressão de que estive aqui outras vezes... Não sei lhe explicar, mas é como se eu conhecesse cada canto deste lugar e, no entanto, nunca o visitei antes. Não parece estranho?

— De forma alguma! — respondeu Andreia convicta. — Provavelmente você foi conduzido até aqui enquanto dormia, e é por isso que você tem a sensação de intimidade com a casa, isso é comum acontecer. Quando dormimos, em espírito, nos desprendemos do corpo e, se necessário, somos levados por amigos espirituais para lugares de aprendizado ou de socorro. Mas, também, dependendo da situação na qual estamos envolvidos, é nas zonas inferiores, onde imperam os sofrimentos e as dores, que aportamos em espírito. E, para que tal evento aconteça, existem três condições: nosso merecimento, nossa faixa vibratória, ou seja, nossa sintonia, e nosso estágio evolutivo, os quais nos direcionam para onde nos levam os pensamentos.

— Muito interessante o que me ensina. Realmente tenho muitas coisas para aprender com você! — disse o advogado. Tudo era novo para ele: o aprendizado, as pessoas, o lugar. Porém a sensação de ter estado ali continuava presente.

"Acho que Andreia está certa, devo conhecer esse lugar dos meus sonhos. Se contassem isso para mim no passado, eu rotularia de loucura!", pensou.

Richard se acomodou enquanto conversava com a nova namorada.

— Meu querido, preciso me preparar para os trabalhos e não poderei ficar com você, mas fique à vontade, porque está entre irmãos!

— É como me sinto, minha querida.

Aos poucos, outras pessoas foram chegando e acomodando-se para ouvir a palestra da noite. A casa estava repleta, quando um dos médiuns fez uma leitura sobre a importância de nossos atos diários. Em seguida, foi proferida uma emocionante oração.

Richard estava extasiado com a profundidade das palavras. Permaneceu de olhos fechados, como quase todos os presentes, e seus pensamentos vibravam em favor das filhas e de Rosana. Lembrou-se das pessoas conhecidas desencarnadas. Em especial, sua mãe e Anita.

Uma suave brisa soprou em seu rosto nesse instante e, sem que pudesse visualizar, ao seu lado estava dona Alice, a mãe jubilosa por ver seu filho finalmente buscando o caminho do bem e da verdade.

Uma voz conhecida começara a palestra, que versava sobre a Lei de Causa e Efeito... era a voz de Andreia. Richard abriu os olhos e a viu no púlpito. Era a palestrante da noite: inspirada, manifestava-se com entusiasmo e vibração. Augusta, em espírito, a envolvia, amparando-a, no bom desempenho da tarefa de que fora incumbida. Mas as surpresas da noite tinham apenas começado para ele.

Estavam presentes na casa, naquela ocasião, vários desencarnados que aportaram ali em busca de alívio e ajuda, como outras tantas entidades que foram trazidas por equipes de benfeitores espirituais do plano superior para aprender e, assim, se fortificar para a reforma íntima a caminho da evolução. Era o caso de Anita, que estava ali presente e fora trazida pela equipe de Augusta, os servidores do bem. Desde que fora socorrida por eles no lar materno, na noite de Natal, decidira voltar-se para o caminho da luz com o objetivo de se refazer dos erros e enganos cometidos, rearmonizando-se intimamente.

Vendo-se diante de Richard, Anita começou a reviver os amargos episódios que vivera quando encarnada, dos quais tanto lutara para se desprender, e não conseguiu evitar uma crise de choro. Com a intenção de ampará-la, os benfeitores espirituais envolveram-na em fluidos calmantes. A ocasião era propícia ao perdão: a libertação das aflições do passado dependia da atitude de ambos. Porém, era difícil para um espírito que iniciava o aprendizado manter-se sereno diante do passado comprometedor e dos inúmeros desenganos cometidos.

Aquela oportunidade de encontro trouxera à tona a dor e o arrependimento para Anita. Foram várias as vezes que depois do socorro ela sentira uma força de atração chamando-a de volta à Terra, especialmente para junto daqueles que a haviam prejudicado, conforme erroneamente imaginava. Rever Richard, agora apaixonado por outra mulher, recomeçando sua vida, era de fato uma prova difícil, pois isso ainda lhe provocava ciúmes. Todavia, a dedicação extremada de seus novos amigos, o amor incondicional de sua avó e as incessantes orações da mãe a mantinham firme em sua nova empreitada: o caminho para dentro de si, para a autoanálise.

Dona Alice orava fervorosamente pedindo a Deus que seu filho não sofresse a influência negativa de Anita, que lhe poupasse o assédio espiritual. Richard, no entanto, sentia-se revolvido por uma agitação para a qual não encontrava explicações. Apesar de tudo, vivia naquela hora uma interessante novidade. Em silêncio ouvia as últimas considerações da palestrante, e mais uma vez se recordou da babá desencarnada... Rapidamente, tal qual se exibissem um filme diante dele, recordou o passado, momentos que vivera ao lado dela, e uma angustiosa sensação o envolveu amargamente.

"A Lei de Causa e Efeito que Andreia fartamente explanou nessa palestra me faz concluir que todos os acontecimentos ruins que atravessei depois da desencarnação de Anita foram pagamentos dos débitos que contraí por culpa da minha própria insensatez. Mas por que Rosana e minhas filhas também sofreram?", ansioso, ele buscava respostas para entender a dinâmica que foge da vontade humana. "Conforme aprendo com o Espiritismo, se a razão dos nossos sofrimentos não está nesta existência, encontra-se em outras encarnações. Só pode ser essa a resposta", concluiu conformado, entregando-se a outras divagações.

Após o término da palestra, o mesmo médium que fizera a oração inicial retornou para fechar os trabalhos da noite com uma oração: o Pai-Nosso, e, logo após, convidou todos para os passes magnéticos.

Richard aguardava ansioso, sem saber ao certo o que viria a seguir. Forte impressão anunciava mais surpresas. Espantado, deparou com Maria Rita, sua secretária, a qual também participara da reunião.

Ela já o tinha avistado, mas aguardou o fim da reunião para se aproximar e então o cumprimentou radiante.

— Boa noite, doutor Richard! O senhor por aqui?

— Boa noite! Sou eu mesmo. E a senhora, o que faz nesta casa espírita?

— Participo das reuniões doutrinárias desta casa há quase dois anos, doutor! E é uma felicidade vê-lo neste lugar maravilhoso! Orei muito pelo senhor quando atravessava os momentos mais difíceis e sempre pedia a Deus que abrisse seus olhos para Ele — finalizou Maria Rita.

— E Ele a ouviu, pois colocou no meu caminho uma pessoa maravilhosa, que me trouxe para cá!

Nesse exato momento, Andreia veio ao encontro deles e, com discrição, aguardou o fim daquela conversa. Ele a chamou e a apresentou à secretária:

— Esta é Andreia, a responsável por eu estar aqui hoje, como lhe falava há pouco — ele a abraçou carinhosamente.

— Já nos conhecemos, não é mesmo, Andreia? — saudou-a com alegria. — Trabalho há muitos anos com ele e nunca o vi tão bem como ultimamente — confessou Maria Rita.

— Tem toda razão! Agora me sinto completo! — disse olhando nos olhos de Andreia e sorriu demonstrando a felicidade que emanava de sua alma.

— A conversa está ótima, mas é hora dos passes. Seremos chamados, Richard. — Olhou sorrindo para Maria Rita: — Desculpe-me, temos de ir!

— Fiquem à vontade. Ficarei aguardando a minha vez.

Os dois esperavam próximos à sala de passes, quando foram chamados. Para Richard era tudo diferente, não se recordava de receber um passe magnético em toda a sua vida, e olhava à sua volta com curiosidade e respeito. A pequena sala era iluminada por uma luz tênue na cor violeta, havia duas cadeiras e, à frente de cada uma, um médium de olhos fechados. O casal, já acomodado nas cadeiras, aguardou que os médiuns colocassem as mãos sobre a cabeça deles e, sem tocá-los, lhes transmitissem os fluidos calmantes. Uma sensação de bem-estar se apoderou deles e, ao fim, sentiram-se harmonizados.

O centro de orações desenvolvia outro tipo de trabalho de atendimento ao público: a psicografia, que acontecia semanalmente após os passes magnéticos. Um dos médiuns daquela casa, cuja mediunidade era a de psicografia, trazia mensagens elevadas e notícias de muitos desencarnados; entretanto, tal prática sempre obedecia à vontade dos espíritos trabalhadores daquela casa e ao merecimento dos participantes. Naquela noite, em especial, Richard receberia uma importante mensagem que o ajudaria no processo que ele iniciara, e uma solução de ordem espiritual aconteceria naquela noite, visando ao seu melhoramento e ao de Anita. Todos já estavam acomodados e entregues à oração. A maioria vibrava com forte desejo de receber alguma comunicação daqueles que se encontravam em outra dimensão. O Pai-Nosso deu sequência aos acontecimentos. De início, Richard, sem conhecer sua capacidade de vidência, imaginou estar sendo vítima de uma ilusão de ótica quando viu surgir um vulto de mulher, que se aproximava amparada por dois espíritos que irradiavam tênue luminosidade. Pararam ao lado do médium, enquanto o vulto se posicionou formando uma aura iluminada em volta dele... O médium, bastante concentrado, passou a captar as ideias da entidade e começou a transpô-la para o papel disposto sobre a mesa.

O trabalhador, com os olhos fechados, começou a escrever. Ao término dos trabalhos, as mensagens foram entregues aos seus destinatários naquela noite. Richard estremeceu ao receber uma delas e reconheceu o conteúdo: um relato de Anita. Inquieto, desejou deixar o local, porque previu possíveis revelações que sacudiriam seu íntimo... Mas, sem coragem, permaneceu imóvel e leu a carta do Além:

"Não fuja de mim, Richard! Tenho me preparado há muito para estar aqui... Ainda trago resquícios dos meus erros, da minha vaidade e arrogância, que são como sombras a me acompanhar por muitas existências. Pautei várias existências pelo espectro de meu próprio egoísmo e por ele tenho colhido os resultados de meus atos impensados. Quando deixei esse mundo, não pude aceitar minha nova condição de desencarnada, por isso, permiti que a revolta me dominasse a ponto de iniciar acirrada perseguição contra irmãos; cega, obedeci a um alucinado plano de vingança. Como resultado, agravei as minhas dores e atrasei a minha caminhada evolutiva. Sofri e fiz sofrer muitos inocentes que, na minha cegueira, acreditava serem os culpados das minhas desditas. E você foi um desses irmãos. Nada que eu diga em minha defesa será suficiente para apagar tanto mal que causei, e nessa insana cruzada culpei todos aqueles por mim intitulados de 'meus inimigos' pelo tenebroso caminho que escolhi. O tempo de que disponho para confessar meus erros foi concedido pela intercessão de meus amados irmãos que me recolheram do lodaçal no qual a minha consciência me lançou. E, o que mais importa para mim agora é perseverar na rota que estabeleci: o caminho na senda do bem. Mesmo não sendo eu ainda merecedora, a bondade divina presenteou-me com a possibilidade de conquistá-la, em razão do amor de tantas almas que vibram a meu favor. Por isso, Richard, preciso do seu perdão. Somente com ele poderei seguir livre minha nova trajetória. Nada é por acaso, e nosso

envolvimento era um resgate do passado, mas a ambição, minha maior fraqueza, me fez cair nos mesmos enganos de outrora. Na minha última passagem pelo planeta, eu deveria ser, conforme minha própria escolha, sua subalterna e me conformar com tal condição; assim eu pagaria os males que causei a você e a Rosana. Todavia, não conformada em ter de me submeter, perdi-me novamente, desrespeitando a família que eu deveria servir e preservar. E, conduzida pelo esquecimento momentâneo, não cumpri as tarefas que me propusera realizar antes de reencarnar. Assim, conservei a escuridão íntima e dei chance para florescer o pior de mim. Não tenho muito tempo. Preciso do seu perdão! Diga-me, por Deus, se o mereço! Sem ele continuarei presa aos erros dos quais muito me envergonho!"

Em silêncio, o único interessado naquele relato prosseguiu a leitura deixando as lágrimas caírem livres.

"Fui leviana e irresponsável. Quis dar a você um filho que não estava nos planos divinos. Meus tormentosos enganos me transformaram em uma pessoa egoísta e fútil, e nessa condição deixei a vida. Somente o amor desinteressado dos abnegados irmãos em condições morais mais elevadas foi capaz de fazer com que eu abrisse os olhos fechados pelo meu prejudicial ofuscamento. Dentre tantos, cito a sua mãe, dona Alice, que aqui se encontra. Ela declara o quanto o ama e deseja a sua felicidade. Também relembra que, certa vez, quando você ainda era criança a acompanhou na entrega de alimentos para pessoas carentes de uma comunidade. Na ocasião, uma mãe desesperada, trazendo o filhinho nos braços lhes pediu socorro e vocês dois os levaram a uma clínica médica. Por favor, diga para minha mãe que estarei sempre por perto! Reinicie sua vida ao lado dessa

irmã que o Pai Celestial colocou em seus dias. Fiquem na paz de Jesus Cristo, o Mestre e Amigo Eterno! Que assim seja!"

— A mensagem se refere a um acontecimento da minha vida! — confessou para Andreia, bastante enternecida com a revelação.

Se existia alguma dúvida quanto à veracidade do que o médium transmitira, esta foi dissipada ao ler o relato. Ninguém ali presente, nem mesmo o espírito da ex-amante, conhecia aquele fato ocorrido na infância dele, descrito na mensagem.

Quando resolveu acompanhar Andreia naquela noite para aprender mais sobre a doutrina que a enchia de extasiante alegria, nem de longe imaginava que ficaria diante de tantas revelações. Realmente, a cada dia aprendia uma nova lição. Ali, naquele momento, aprendia que de nada adianta esconder os erros cometidos, principalmente os que ferem outros corações, porque a vida sempre cobra reparos pelos danos causados a si mesmo e a outrem. Realmente, nenhuma maldade permanece impune. No momento oportuno, o débito nos será cobrado pela Lei de Ação e Reação.

Se Anita falhou, e, depois de desencarnada, atravessava as barreiras do Além para receber o perdão do advogado, ele igualmente sentia a necessidade de ser perdoado. Ambos queriam ficar quites, para depois prosseguir por novo caminho.

Richard ainda estava emocionado com a mensagem psicografada. As mãos trêmulas mal podiam segurá-la. Voltou-se para Andreia e perguntou:

— O que devo fazer agora?

— Se o seu coração deseja o perdão, concentre-se, ore e fale com ela em pensamento.

Richard seguiu sua recomendação:

— Deus, Criador de todas as coisas e de todos os seres, quem Vos procura por meio destas poucas palavras é um de Vossos filhos que sempre trilhou um caminho diferente do que esperava... Que eu me lembre, é a primeira vez que Vos procuro para pedir que meu perdão chegue até Anita; antes, porém, também preciso do perdão dela, porque sou igualmente responsável por parte dos seus sofrimentos terrenos. Eu deveria ter resistido aos meus apelos carnais respeitando-a incondicionalmente. No entanto, fui fraco e entreguei-me aos meus devaneios, fazendo outras pessoas sofrerem. Desejo que ela encontre a verdadeira felicidade — finalizou a prece com o coração aliviado e refeito depois do longo percurso de quedas.

Os espíritos benfeitores que acompanhavam Anita alegraram-se ao ver o desfecho daquela manifestação de amor.

Andreia, por sua vez, enlaçou o amado e falou em seu ouvido:

— Sinto-me muito feliz por você, por sua nova visão, pelo seu bondoso coração. Agradeço a Deus por poder fazer parte da sua vida!

Ele apenas sorriu olhando-a com ternura, porque nenhuma palavra descreveria com exatidão tudo o que sentia naquele momento. Abraçados, saíram da sala.

Richard deixou a casa espírita naquela noite sentindo-se transformado. Algo nele havia se modificado e com certeza ele não era mais o mesmo homem de quando ali entrou. Dali por diante sua vida teria um novo sentido. Os dois voltavam para o apartamento, e ele permaneceu em silêncio durante todo o percurso. Sentia-se leve, com a alma lavada. Parecia que retirara uma tonelada dos ombros e até em casa achou o clima diferente. Radical mudança estava presente, e tudo à sua volta parecia estar mais "iluminado" e bonito. Enfim, a paz tão almejada chegava para ficar. Queria continuar sintonizado com aquela plenitude transcendental e prometeu a si mesmo que jamais abandonaria aquela doutrina tão consoladora, justamente porque fora por meio dela que grandes descobertas se fizeram definitivas. Lembrou-se de Rosana afirmando que encontrara no ensinamento espírita respostas para muitas de suas dúvidas; com certeza ele também experimentava a mesma sensação.

Andreia, silenciosa, orava e respeitava o silêncio do homem amado e agradecia aos irmãos espirituais pela oportunidade concedida a ele de acertar os erros do passado.

Já se encontravam no apartamento quando ele comentou:

— Minha querida, agradeço-lhe por ter me levado com você à reunião espírita! Pela primeira vez me sinto como uma criança que descobre um segredo que lhe faz bem. Muitas passagens de minha vida que você ainda desconhecia foram reveladas nesta noite. Quando o médium me entregou a mensagem ditada por Anita, desejei fugir daquela sala; depois, mais calmo e refeito, compreendi o quão necessário e benéfico era que tudo viesse à tona retirando a angústia, o medo e o sentimento de culpa que me perseguiam fazia tempos — acariciava os cabelos de Andreia com ternura. Completou: — Hoje sou um homem pleno de felicidade por tê-la junto a mim, fazendo parte da nova etapa que estabeleci em minha vida. Eu amo você e quero que seja minha mulher! Você quer se casar comigo?

— Eu também o amo muito, Richard, e tudo o que mais quero é estar ao seu lado por toda a eternidade... Aceito me casar com você! — declarou emocionada. — Desejo que todos os últimos acontecimentos sirvam como uma lição construtiva, para que os erros cometidos outrora não se repitam.

— Sim, minha amada! E, com você ao meu lado, não haverá mais escuridão, não estarei mais sozinho, tampouco ficarei perdido. Você é a mulher que esperei a vida toda e prometo fazê-la muito feliz! — concluiu beijando-a apaixonadamente. — Sente-se aqui comigo! — convidou, apontando para o sofá. — Quero contar toda a minha vida para você!

— Não é necessário! O que me importa é o dia de hoje e o nosso amanhã. O que passou já se foi e não pode mais ser modificado, mas se seu coração está querendo desabafar, meus ouvidos são todos seus!

Richard, extremamente comovido com todos os acontecimentos daquela noite, desabafou tudo o que vivera até então.

Capitulo 12

Recomeçando

Dois meses depois, os preparativos para o enlace estavam a todo vapor. A correria era intensa. Os noivos retornaram da viagem ao Sul do país, onde Richard foi conhecer a família da futura esposa e aproveitar para fazer o pedido de casamento aos pais da jovem.

Andreia encontrava-se muito atarefada com todos os preparativos para o dia da cerimônia, além do período de provas na faculdade de arquitetura. Ele, igualmente, acelerava o andamento de sua atividade na empresa para deixar tudo em dia. Iria se ausentar por alguns dias durante a lua de mel. Estava quase tudo acertado para a cerimônia civil, que seria simples e contaria com a presença dos amigos mais íntimos. Aconteceria na mansão no Morumbi, gentilmente oferecida por Rosana. Faltava apenas uma semana para que fosse oficializada a união definitiva, e os dois não cabiam em si de felicidade. A ansiedade crescia conforme se aproximava o grande dia.

Richard regozijava-se com a aprovação de suas filhas e de Rosana quanto à escolha da companheira: todos simpatizaram muito com ela — inclusive seu pai, que já se encontrava em São Paulo para a festa. Não poderia esperar outro resultado, visto que a escolhida era uma pessoa encantadora e especial.

Ele era outro homem e modificava-se a cada dia para melhor. Tornou-se um participante assíduo das reuniões doutrinárias, aprendia mais e mais com as Obras Básicas de Allan Kardec, com as palestras, e procurava pôr em prática tudo o que assimilava na nova condição de espírita convicto.

Em uma das reuniões no centro que o casal frequentava, outra mensagem foi psicografada. Dessa vez, tratava-se de uma mensagem de dona Alice, que recebera a permissão do Alto e veio ter com seu filho antes de partir em serviço para outra esfera espiritual:

"Meus amados filhos, com a permissão de Nosso Pai e na companhia de alguns irmãos de caminhada, venho despedir-me de vocês! Não tenho muito tempo, pois trabalhos gratificantes nos aguardam em outras moradas de Deus. Venho registrar meu eterno amor e contentamento com a união de vocês. Continuem firmes no propósito da melhora interior cumprindo a parte que lhes cabe e corrigindo os erros acumulados nessa ciranda de existências no corpo material, pois, se no passado vivemos quase às cegas, hoje já desfrutamos do abençoado esclarecimento doutrinário que nos serve de guia para nos conduzir nos caminhos da eternidade. Agora, com a consciência voltada para a verdade, é essencial que não fujamos das lutas que se apresentam. Em cada uma delas, não se esqueçam de sempre oferecer o melhor de si àqueles que lhes estenderem as mãos, sejam quais forem as suas necessidades, materiais e espirituais. Estejam sempre preparados

para atendê-los, em sintonia com o amor universal, que todo ser humano deve cultivar em seu coração! Levarei em meu coração a vibração deste dia, até que a misericórdia divina nos permita um abençoado reencontro. Fiquem com Deus e nunca se esqueçam do quanto nossos irmãos vibraram e trabalharam para que hoje você, Richard, se encontre na condição do filho pródigo que retorna ao lar e é recebido com imenso amor...

Alice"

— É inexplicável a sensação de paz que me domina neste instante! As palavras ditadas por minha mãezinha, tão doce e cuidadosa, serão guardadas para sempre comigo! — exclamou Richard emocionado. — Ela sabe o quanto a amo e que tenho me esforçado para me tornar um homem melhor.

— Ela sabe disso, meu querido! — disse Andreia igualmente emocionada com a comunicação. — A ligação entre vocês continuará sempre viva e vibrante por meio do laço de amor que os une eternamente. Use a oração para manter o contato com ela sempre, emitindo sentimentos elevados, de amor! — finalizou.

— Sempre me esforçarei para isso! — prometeu o advogado.

Forte emoção o envolvia. Ele reconhecia, naquela mensagem, expressões de sua querida e saudosa mãe. Dobrou a folha e, ainda com o papel nas mãos, agradeceu a Deus a bênção recebida. Guardaria para sempre as palavras que iluminariam seus caminhos e fortaleceriam sua fé em Deus e em um futuro melhor.

Na véspera da cerimônia de casamento, Rosana convidou os noivos para um jantar na mansão, cuja intenção era firmar os laços de amizade com eles, bem como dividir com todos os convidados a sua própria felicidade.

A grande novidade era Garibaldi, um senhor bastante simpático que faria parte do grupo de assistência espiritual que tanto ajudara Rosana a se restabelecer. Ambos descobriram ter muito em comum e o inevitável aconteceu: apaixonaram-se, e aquela reunião era justamente para anunciar o enlace dos dois.

Quando chegaram à mansão, na hora marcada, Richard e Andreia foram recebidos pela governanta, que sorria com satisfação.

— Sejam bem-vindos! Dona Rosana os aguarda...

— Muito obrigado, dona Helena! Como tem passado? — perguntou Richard cumprimentando-a.

— Vou muito bem, doutor! — respondeu e virando-se para Andreia: — Você está linda hoje! Por favor, fiquem à vontade. — Naquela noite inesquecível, a noiva estava realmente deslumbrante.

— Bondade sua! É um prazer revê-la!

Na mansão já se encontravam: o pai de Richard, que conversava animado com os outros convidados; as filhas do advogado; alguns amigos da casa espírita que Rosana frequentava. A anfitriã estava ao lado de Garibaldi toda cheia de si quando se juntaram ao grupo e o recebeu com muita simpatia:

— Estou muito feliz com a presença de vocês. Agora só faltam minha irmã e meu cunhado. Venham e fiquem à vontade!

Realmente era uma noite de confraternização e bom entendimento. Quando Raquel e o marido chegaram, todos se dirigiram para a sala de jantar. Mas, antes que se iniciasse a refeição, Rosana pediu a atenção dos convidados para um importante comunicado.

— Queridos amigos, parentes e minhas amadas filhas, é com enorme alegria que os recebo nesta noite em minha casa! A grande maioria aqui presente testemunhou tudo o que enfrentei nos últimos tempos, bem como as mudanças que venho conquistando com meu esforço e boa vontade. Agradeço a todos os que participaram das conquistas auxiliando-me carinhosamente, e, por esse motivo, eu os convidei aqui nesta oportunidade para, além de demonstrar minha amizade e gratidão, anunciar a todos que eu e Garibaldi estamos noivos e devemos nos casar em breve! — disse Rosana, ao mesmo tempo em que acenava alegremente a mão direita, na qual se destacava lindo anel de noivado.

Todos receberam a notícia com alegria e aplausos, pois formavam um belo casal. Depois dos cumprimentos e desejos de plena felicidade, a noite transcorreu com graciosa harmonia.

Fernanda e Aninha estavam contentes e ansiosas com o casamento do pai, pois seriam as daminhas que levariam as alianças durante a cerimônia a ser realizada no jardim da mansão. Aninha era a mais curiosa e enchia a futura madrasta de perguntas, que eram respondidas com a devida atenção. Richard, que nesse momento conversava com o pai, parou por um segundo para observá-las e sentiu-se extasiado ao perceber que Andreia tinha conquistado o carinho das meninas.

O encontro com aquelas pessoas era muito agradável, porém precisavam deixá-las, porque no dia seguinte se realizaria a união tão esperada. Despediram-se de todos com a promessa de continuar a conversa depois da cerimônia de casamento.

O tão aguardado dia chegou, e os dois mal se viram, tantos eram afazeres. Tudo precisaria estar impecável. Andreia passou o dia se preparando para estar linda quando fosse ao encontro de seu amado Richard. Assinariam os papéis ao findar da tarde, num recanto construído carinhosamente no jardim da mansão, onde receberiam familiares e amigos para testemunharem e abençoarem a união de amor.

O noivo estava agitado, andava de um lado para outro, e para ele parecia que as horas não passavam. Mas quando faltava um pouco menos de uma hora para começar a cerimônia, lá estava ele no altar, vestindo um terno impecável ao lado de seu pai e de Rosana.

Andreia surgiu linda no corredor decorado com várias espécies de flores do campo. Trêmula, seguia abraçada ao seu pai, que a conduzia até o altar onde era aguardada pelo grande amor de sua vida. Ela mais parecia a figura de um anjo celestial, com tanta beleza e doçura, tanto encanto e simplicidade. Richard a recebeu cheio de emoção e grato a Deus por tê-la colocado em seu caminho e, agora, como sua esposa, a eterna companheira que sempre buscara.

No plano espiritual, entre os benfeitores que acompanhavam o enlace matrimonial, a sensação comum era a do dever cumprido. Sentiam-se felizes por ajudar a reunir duas almas que iniciavam uma nova etapa de sua jornada terrestre.

Anita, na colônia espiritual onde se encontrava, estudava bastante e empenhava-se em encontrar um novo sentido para sua vida. Assistida pela equipe dos servidores do bem, ela se empenhava na melhora interior. Residia na companhia de recém-desencarnados, os quais se encontravam também em fase de recuperação, empenhados em vencer vícios e imperfeições. Anita, aquela que um dia trabalhara na casa de Richard na condição de babá, vez por outra era conduzida ao centro espírita frequentado pelo advogado, ocasiões em que ouvia as palestras e ganhava ânimo novo no contato com os encarnados.

Finalmente Anita recebeu permissão para visitar, espiritualmente, seus familiares. Não conteve a alegria: sentia saudades de todos. Estava certa de que se encontrava suficientemente recuperada e que saberia controlar as emoções. O lar continuava o mesmo. Os irmãos ainda não tinham voltado do trabalho. O pai dormia recostado no sofá e a televisão estava ligada. Ao ver a cena, ela sorriu mansamente lembrando que ele costumava dormir assistindo à TV, como se o aparelho fosse um sonífero. Sentou-se ao seu lado e carinhosamente afagou seus cabelos brancos. Reparou em suas feições de cansaço e, comovida, abraçou-o com sentimento de gratidão e amor. Relembrou não ter sido uma filha cautelosa, que não soubera valorizar todos os esforços daquele nobre homem para mantê-la no caminho da simplicidade. Somente naquele instante, diante do pai, entendeu o quanto fora irresponsável. Quando encarnada, menosprezara a caridade e o exemplo dos pais, manifestando a mais fria ingratidão.

A mãe de Anita, a exemplo de todos os dias, naquele mesmo horário, encontrava-se no quarto diante de uma foto emoldurada. Pensamento elevado a Deus orava fervorosamente pela filha que tanto amava. Rogava ao Criador, emocionada, que a abençoasse com Sua proteção, que a envolvesse na luz divina. Sentindo o coração apertado, Anita se compadeceu da corajosa mulher, resignada diante das dificuldades e das tantas necessidades que enfrentara ao longo dos anos. Era, verdadeiramente, um exemplo de abnegação e desprendimento, vivia para os entes queridos, esquecida de si mesma. Repleta dos melhores sentimentos, colocou-se diante dela e, olhando-a com extrema ternura, fitou aquele semblante que já não era tão triste e sofrido. Sua mãe era, na verdade, uma vencedora. Dona Maria sentiu que o temor e a preocupação, qual nuvem escura cujo sopro do vento desfaz, tinham desaparecido. A certeza de que a filha estava bem ganhou sua razão. Anita, por sua vez, deteve-se a observar a transformação interior daquela a quem endereçava amor e admiração. Feliz, afastou-se, guardando no íntimo imensa gratidão pelo impulso que dela recebera. A força que precisava para traçar novos planos lhe fora por ela concedida. Restava-lhe ir adiante, confiar em Deus e construir um futuro melhor, assentado no bem.

Depois, acompanhada de seus amigos espirituais, dirigiu-se ao local onde se celebrava o casamento de Richard. Respeitosa e desprendida do passado, orou aos Céus, pediu as bênçãos de Deus para o casal. Anita, sinceramente, desejava que os dois encontrassem a felicidade. Envolvia, com muito carinho, Rosana, a qual, no passado, ignorante, fizera sofrer. Um dos espíritos que a acompanhavam, observando-a com atenção, perguntou:

— *Anita, como se sente vendo o Richard assim tão feliz?*

— *Ao vê-lo reconstruir a existência, agora no caminho certo, graças ao amor infinito do Criador, sinto imensa alegria. Estou esperançosa de que sua felicidade seja duradoura, que semeie a caridade. Finalmente entendo que somos todos irmãos e que não seria feliz se ele não refizesse o destino e retomasse a caminhada evolutiva. Um dia, ignorante das Leis Divinas, eu o prejudiquei, mas, hoje, iluminada pela misericórdia de Deus, procuro cumprir minha parte.*

Os novos amigos, conquistados no plano espiritual, a envolveram carinhosamente. Anita, emocionada, retribuía as manifestações abraçando afetuosamente os colegas de caminhada. Juan, em nome do grupo, dirigiu-se a ela:

— *Anita, admiramos seu desprendimento, ele nos serve de exemplo. Deus a abençoe e que Ele nos permita partilhar novas conquistas! Em prece, agradeçamos à misericórdia divina.*

Uma luz intensa os envolveu enquanto Juan pronunciava a singela oração. Em seguida, retornaram à colônia espiritual, na qual retomariam o estudo que lhes descortinava infinitos caminhos de paz e felicidade.

FIM

Ao terminar a leitura deste livro, talvez você tenha ficado com algumas dúvidas e perguntas a fazer, o que é um bom sinal. Sinal de que está em busca de explicações para a vida. Todas as respostas de que você precisa estão nas Obras Básicas de Allan Kardec.

Se você gostou deste livro, o que acha de fazer que outras pessoas venham a conhecê-lo também? Poderia comentá-lo com aquelas do seu relacionamento, dar de presente a alguém que talvez esteja precisando ou até mesmo emprestar àquele que não tem condições de comprá-lo. O importante é a divulgação da boa leitura, principalmente a da literatura espírita. Entre nessa corrente!